Peter O. Chotjewitz

ROM

Peter O. Chotjewitz

ROM

Spaziergänge auf der Antike

Rotbuch Verlag

Die Deutsche Bibliothek – CIP-Einheitsaufnahme

Chotjewitz, Peter O.:
Rom : Spaziergänge auf der Antike / Peter O. Chotjewitz. –
Hamburg : Rotbuch Verlag, 1999
ISBN 3-434-53041-X

2. Auflage 2000

Umschlaggestaltung: +malsy, Bremen
Die Zeichnungen der Karten stammen vom Autor
Herstellung: Das Herstellungsbüro, Hamburg
Satz: H & G Herstellung, Hamburg
Druck und Bindung: Fuldaer Verlagsagentur, Fulda
Printed in Germany

Inhalt

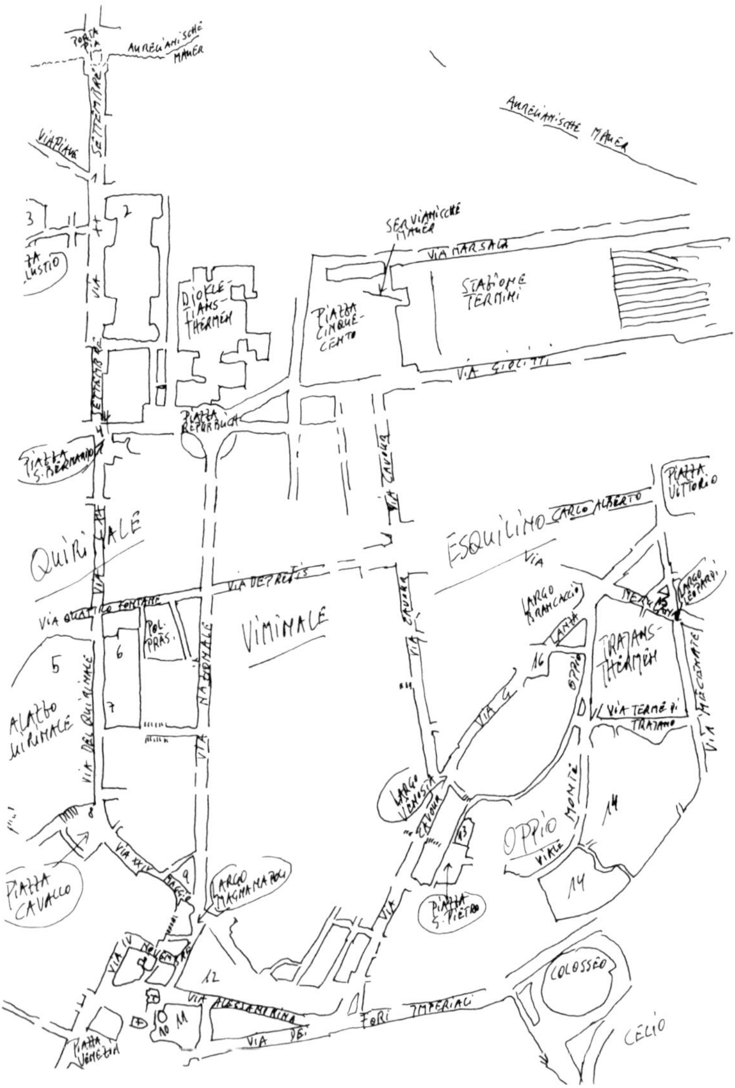
PORTA PIA
AURELIANISCHE MAUER
VIA PIAVE
SETTEMBRE
AURELIANISCHE MAUER
SERVIANISCHE MAUER
VIA MARSALA
STAZIONE TERMINI
DIOKLETIANSTHERMEN
PIAZZA CINQUECENTO
VIA GIOLITTI
PIAZZA REPUBBLICA
PIAZZA S. BERNARDO
VIA CAVOUR
PIAZZA VITTORIO
CARLO ALBERTO
ESQUILINO
QUIRINALE
VIA DEPRETIS
VIA QUATTRO FONTANE
VIMINALE
LARGO BRANCACCIO
LARGO LEOPARDI
TRAJANSTHERMEN
PALAZZO QUIRINALE
VIA DEL QUIRINALE
VIA NAZIONALE
VIA TERME DI TRAJANO
VIA MERULANA
LARGO VENOSTA
OPPIO
VIALE MONTE OPPIO
PIAZZA CAVALLO
VIA XXIV MAGGIO
LARGO MAGNANAPOLI
PIAZZA S. PIETRO
VIA IV NOVEMBRE
COLOSSEO
VIA ALESSANDRINA
VIA DEI FORI IMPERIALI
CELIO
PIAZZA VENEZIA

ERSTER SPAZIERGANG

Quirinal und Esquilin

Bildlegende

Porta Pia / Via XX Settembre (1, 2)
Via S. Tullio – Piazza Sallustio (3)
Piazza S. Bernardo (4)
Via del Quirinale (5, 6, 7)
Piazza del Quirinale (8)
Via XXIV Maggio – Largo Magnanapoli (9)
Via IV Novembre – Via Magnanapoli – Via Alessandrina (10, 11, 12) Piazza del Grillo – Via Tor d. Cont – Via Cavour – Largo V. Venosta – Via delle Sette Sale
Piazza di S. Pietro in Vincoli (13)
Largo d. Polveriera – Viale del Monte Oppio (14)
Via delle Terme di Traiano – Via Mecenate
Largo Leopardi (15)
Largo Brancaccio
Via S. Giovanni Lanza (16)
Largo Venosta

(1) *Porta Collina* / (2) *Friedhof der unkeuschen Vestalinnen*, jetzt Schatzministerium / (3) Nymphäum des Sallust / (4) Moses / (5) *Tempel des Quirinus*, jetzt Palazzo Quirinale = Sitz des Staatspräsidenten / (6) *Palast der Flavier* / (7) *Ara incendii Neronis (Altar der neronischen Brandstiftung)*, jetzt diverse Behörden / (8) Brunnen, Obelisk und Statuen der Dioskuren, Aussicht über das Marsfeld / (9) *Lacus Fundani* / (10) S. Maria di Loreto und Trajanssäule / (11) Trajansforum / (12) Trajansmarkt / (13) Kirche S. Pietro in Vincoli, Moses / (14) *Domus Aurea*, Thermen des Trajan / (15) Auditorium des Maecenas / (16) *Villa des reichen Pollio, Portikus der Livia, Denkmal der Eintracht.*
Die kursiven Objekte sind nicht sichtbar.

Das Buch im alten Rom

Wie ich mir vorgenommen hatte, ging ich morgens beizeiten ins Deutsche Archäologische Institut nicht weit von der *Porta Pia*, wo mich ein freundlicher Bibliothekar erwartete, den ich mit Fragen malträtierte.

»Hatten die Römer Bücher?« fragte ich ihn zum Beispiel. »Worauf schrieb man? Womit? Wie bewahrte man die Bücher auf? Was kosteten sie? Seit wann wurde geschrieben? Was schrieb man? Was las man? Wie hießen die Autoren? Wie ging es ihnen? Wer sammelte Bücher? Gab es auch Autoren, die über Rom schrieben?«

Er beantwortete alle meine Fragen mit der gleichen bescheidenen Freundlichkeit. Ja, er schien direkt zu erwarten, daß ich keine Sachkenntnisse mitbrachte. Zum Abschied schenkte er mir einen Aufsatz über das antike Bibliothekswesen, den ich im Lesesaal des Instituts kurz überflog.

Die erste Bibliothek wurde demnach unter dem Athener Herrscher Peisistratos gegründet, stellte ich als erstes fest. Das wunderte mich nicht. Tyrannen vertreten immer die Hochkultur, Volksparteiler die Massenkultur. Hier in Kürze die wichtigsten Ergebnisse meiner Studien.

Den größten Umweg nach Rom machte die Bibliothek des Philosophen Aristoteles. Sie wurde nach seinem Tod aus Athen nach Kleinasien entführt, entging knapp der Gefangennahme durch die Könige von Pergamon und kehrte zurück nach Athen. Sie hatte bereits etwas gelitten unter Feuchtigkeit und Holzwürmern, als der römische Diktator Sulla sie 86 v. Chr. raubte. Sulla raubte in Griechenland alles, was transportabel war.

In Rom landeten die Rollen bei einem römischen Rhetor, der sinnigerweise Tirannione hieß. Er war der Lehrer Strabons und ein Freund von Cicero.

Natürlich kannten die Römer das kulturelle Erbe der Griechen. Es wurde durch die Ägypter und Kleinasiaten tradiert, aber es war feiner, auch die Originale zu besitzen.

Wer in Rom auf sich hielt, kaufte oder raubte Bücher. Ein Offizier des Kaisers Trajan (98–117 n. Chr.) gab in Nordafrika 170000 Sesterzen für eine Bibliothek aus, ein Bürger sogar 400000. Er hörte auf den Namen Marcus Julius Quintianus Flavius Rogatianus.

Der Buchhandel blühte. Es gab Buchhandlungen. Geizige Leser lasen nur die Blätter, die der Buchhändler vor der Ladentür aushängte. Die Verleger kannten die Mischkalkulation. Kaiser Konstantin (306–337 n. Chr.) bestellte bei einem Schreibbüro in Palästina fünfzig Bibeln für die Kirchen von Konstantinopel.

Kaiser Tacitus regierte nur ein Jahr (275–76 n. Chr.), aber segensreich. Er hielt sich für einen Nachkommen des gleichnamigen Politikers und Autors (55–116 n. Chr.) und befahl allen Bibliotheken seines Riesenreichs, sämtliche Werke von Tacitus anzukaufen – ein erheblicher Nachfrageschub.

Es gab Raubkopien. Man veröffentlichte fremde Bücher unter eigenem Namen und umgekehrt. Bücher wurden abgeschrieben, gerollt, in runde Schatullen gesteckt und in runden Löchern verwahrt.

Bücher galten als so wichtig, daß sie häufig sogar verboten wurden. Ganze Werke wurden verboten. Das bekannteste Beispiel ist Ovid. Er schimpfte aus der Verbannung, daß auf Roms Bühnen schweinische Sprüche rezitiert wurden, während man seine feingeistigen Erotizismen für staatsgefährdend hielt.

Es gab Bücher aller Art: Schulbücher, Kochbücher, Kassenbücher, Bücher über Medizin, Zauberkünste, Astrologie. Sogar Gedichte und Prosa erschienen in Buchform.

Auch Briefe wurden gesammelt. Ein Soldat schrieb aus Ägypten an seine Frau: »Wenn du niederkommst, und es wird ein Junge, so behalte ihn. Wird es ein Mädchen, so gib es weg.«

Mein Lieblingsbrief: »Tameus, ich bitte dich, leg die Säge unter die Türschwelle.«

Rom war auch eine Bücherstadt. Man schrieb alles auf, sogar die Todesurteile, und alles Geschriebene wurde aufgehoben, egal, ob auf Stein, Ton, Blei, Bronze, Leder, Papyrus, Leinen. Auf Pergament begann man zu schreiben, als König Ptolemaios Philemetor um 170 v. Chr. gegen Pergamon ein Papyrus-Embargo verhängte, um zu verhindern, daß die Bibliothek von König Eumenes Soter größer wurde als das *Museion von Alexandria*. Eumenes Soter war ein großer Bücherfreund. Er ließ den Pergamonaltar bauen, die Galater abschlachten und viele Bücher rauben.

Voll reingetreten

Auf dem Rückweg vom Institut kam ich über die *Piazza Sallustio*, eine Gegend mit viel Jugendstil, bebaut Ende des vorigen Jahrhunderts. In der Platzmitte ein bäuerliches Anwesen, wie man sie aus der Campagna kennt. Offensichtlich schon im Mittelalter in eine antike Ruine hineingebaut. Daneben ein zierliches hellgelbes Palästchen im Casino-Stil der Belle Epoque.

Ich trat näher und blickte in das übliche Loch, etwa fünf Meter tief. Die Palazzina steht auf den Grundmauern einer antiken Anlage. Im Loch waren Bauarbeiter zugange, man sah Plastikplanen, Holzrampen, Materialreste.

Da war nicht viel zu überlegen. *Piazza Sallustio*, römischer Historiker, Verfasser der Historien und mehrerer berühmter Monographien, u.a. über die Verschwörung des Catilina. Sallust, den wir in der Schule lasen, wurde gewählt in höchste Ämter: Quästor, Volkstribun, Prätor. Wegen Ehebruchs wurde er aus dem Senat verstoßen, später angeklagt wegen Erpressung, aber Cäsar paukte ihn immer wieder raus und machte ihn zum Statthalter in Afrika. Mit den Beutegeldern kaufte er sich eine Villa in Rom.

Die *Orti Sallustiani* (die Gärten des Sallust) waren berüchtigt für ihre Pracht und wie üblich auch mit Skulpturen reich bestückt. Den Mittelpunkt bildete ein Kuppelsaal, drumrum die Gebäude. Der Park reichte von der *Porta Collina* bis zum *Pincio*. Die Reste des Nymphäums, wo die Niobides stand, die heute im *Palazzo Massimo* bei den Thermen bewundert wird, sind auf der *Piazza Sallustio* zu betrachten.

Sogleich hielt ich Ausschau nach einem bequemen Plätzchen zum Fotografieren. Ein Haufen Maurersand bot sich an. Er war leider so durchnäßt, daß ich bis zum Knie einsank und meine weißen Hosenbeine sich dunkel färbten. Matsch blieb dran kleben.

Ich wanderte zu dem Jugendstilpavillon und schaute hinein. Drinnen Eleganz, edle Hölzer, ein Vestibül, eine Garderobe, zwei kleine Vortragssäle, eine Bibliothek, keine Spur einer Menschenseele, offensichtlich die Räume einer literarischen Gesellschaft mit Revenuen.

Ich trat auf den kleinen Hof, hinter mir ein altes Gemäuer, an dem eine haushohe Glyzinie kletterte und bläulich blühte wie ein Schwarm Schmetterlinge. Eine Balustrade umschloß den Graben mit den Ausgrabungen. Ich kletterte auf das Mäuerchen, fotografierte nach allen Seiten, balancierte und fotografierte nach unten, nach vorne, nach hinten, nach oben, vielleicht ein Dutzend Mal.

Nach einigen Minuten kam ein Mann aus der kleinen Bar in einem der alten Gemäuer. Er trug eine recht feine Uniform.

»Kommen Sie herunter«, herrschte er mich an. »Was machen Sie da oben?«

»Ich fotografiere.«

»Mit so einem winzigen Apparat? Zeigen Sie mal her.«

»Warum?«

»Ich muß Ihnen den Film wegnehmen oder den Apparat beschlagnahmen.«

»Das verstehe ich nicht.«

»Es ist verboten, zu fotografieren.«

»Verboten? Warum?«

»Dies ist eine archäologische Zone.«

»Deshalb fotografiere ich. Ich mache Fotos für ein Buch über Rom.«

»Dann sollten Sie wissen, daß es verboten ist. Nur mit Erlaubnis der Behörde dürfen Sie fotografieren.«

»Aber ich will die Fotos nicht veröffentlichen. Ich brauche sie nur als Gedächtnisstütze. Als Tagebuch gewissermaßen.«

»Das sagen sie alle.«

Der Podestá läßt grüßen

Wir diskutierten hin und her, er wollte den Film, ich weigerte mich, und irgendwann kam mir die Szene bekannt vor. Ich erinnerte mich nur nicht, wo und wann ich sie schon einmal erlebt hatte.

Nach etwa fünf Minuten kamen zwei Polizeiwagen und blockierten die Einfahrt. Einige Polizisten stiegen aus, der Streifenführer ließ sich meinen Ausweis zeigen, und die Debatte begann von vorne. Da ich uneinsichtig blieb, fuhren sie mich ins Polizeipräsidium. Auf der Fahrt dorthin hatte ich ausreichend Gelegenheit, den an der *Piazza S. Bernardo* aufgestellten Brunnen und die Kolossalstatue des Moses zu betrachten, da an dieser Stelle der erste Verkehrsstau der Innenstadt beginnt.

Der Brunnen wurde 1588 von Domenico Fontana gebaut und bildet das Ende des antiken Aquädukts der *Acqua Felice*. Der Moses, der auch hier mit Hörnern dargestellt wird, ist ziemlich verdreckt und stammt von Leonardi Sormani, aber die Legende schreibt ihn dessen Partner Prospero zu.

Prospero beging, angeblich aus Kummer über die öffentliche Kritik an seiner mißglückten Arbeit, bald nach Aufstellung der Skulptur Selbstmord. Die Zettel mit den Kritiken wurden an eine der in Rom damals sehr populären *sprechenden Statuen* geheftet.

Die *Questur* befindet sich in einem betriebsamen Gebäude aus der Gründerzeit, das über mehrere Häuserblocks geht und neben einem kleinen, mediterranen Park liegt. Am Hang des Quirinal-Hügels also. Der kleine Park ist genau die Stelle, wo seit republikanischen Zeiten der Palast der Flavier stand, die nach Neros Tod so bekannte Kaiser stellten wie Vespasian, Titus, Domitian, Trajan und Hadrian.

Auf der anderen Straßenseite, wo jetzt der Staatspräsident wohnt, stand der Altar des Gottes Quirinus, der früher auf diesem Hügel regierte.

Die Beamten im Präsidium hatten viel Zeit. Der Kommissar war ein großer, nicht gerade hagerer Mann von etwa dreißig Jahren, und die stumpfen Züge seines geistlosen Gesichts paßten ganz zu der langsamen und trüben Weise, womit er seine Fragen hervorbrachte. Er sah aus wie ein sizilianischer Beamter. Der Aktuarius, kleiner und gewandter, schien sich in einen so neuen und seltenen Fall auch nicht gleich finden zu können.

Schließlich eröffneten sie mir mißmutig, daß ich ein feindlicher Spion sein könne. Ob ich mich nicht an den deutschen Privatflieger erinnerte, der auf dem Roten Platz gelandet sei. Jetzt im Krieg gegen Milošević und noch dazu mit so einer winzigen Kamera und überhaupt. Womöglich suchte der Feind schon Landeplätze für seine Luftlandetruppen.

Ich verwies auf die geringe militärische Bedeutung der

kleinen *Piazza Sallustio* und der Ruinen des Nymphäums. Die Szene kam mir so lächerlich vor, daß ich ihnen nichts, am wenigsten die Glyzinie, schenkte, die das Gemäuer aufs reichste zu verzieren schon Jahrhunderte Zeit gehabt hatte.

Sie lächelten träge. Sollte ich etwas übersehen haben? Vielleicht war die feine literarische Gesellschaft ein internationaler Brain-Trust. Sie schienen mich zu kennen, vielleicht eine alte Meldeakte, und ich fragte mich, was sie alles wußten.

Ich ließ ihnen den Film, und schon hatten sich die wohlwollenden Gesichter um mich her vermehrt. Der Kommissar entschuldigte sich zum Abschied. Ich sagte: »Baciamolemani.« Es war ironisch gemeint.

Man ließ mich noch eine Weile draußen warten, dann entließ mich der Aktuarius. »Der Podestá läßt grüßen«, sagte er, als er mir die Quittung über den beschlagnahmten Film überreichte.

Der Mann, der die Muränen liebte

Im Park der Flavier überlegte ich, einen Spaziergang zu machen. Die *Alta Semita* runter, unten am Hang entlang Richtung *Kolosseum*, das *Argiletum* rauf bis zur Kirche *S. Pietro in Vincoli*, dann hinterm *Kolosseum* über die Ruinen der *Trajansthermen*, unter denen Neros Villa liegt, rüber zu der Stelle, wo Kaiser Augustus (27 v. Chr. bis 14 n. Chr.) den Porticus der Livia errichten ließ, bis rauf zur Villa des berühmten Maecenas, von der noch das Auditorium steht.

Alta Semita hieß die Hauptstraße des Quirinalhügels. Sie heißt heute *Via del Quirinale*. *Argiletum* hieß die Hauptstraße durch das volkreiche Stadtviertel *Subura* zwischen Esquilin und Viminal. Sie heißt heute *Via Cavour*. In *S. Pietro in Vincoli* auf dem *Colle Oppio* werden der die Ketten des heiligen Petrus verwahrt.

Die Kirche ist Durchschnitt, jedoch stets überfüllt wegen des *Moses* von Michelangelo. Beliebt ist die Statue bei Psychologiestudenten, deren Ahnherr einen bekannten Aufsatz über seinen Ahnherrn verfaßt hat: Siegmund Freud über diesen *Moses*.

Der Säulengang der Livia ist verschwunden, vielleicht unter dem Pflaster der *Piazza S. Martino ai Monti*, aber der genius loci ist unvergänglich. Ovid erzählt folgende Geschichte:

Auf dem Esquilin lebte einst ein steinreicher Mann namens Vedius Pollio. In seiner Villa hatte er ein Becken, in dem er Raubfische hielt, die er mit lebenden Sklaven fütterte, nicht, weil ihr Fleisch so exzellent wäre, sondern weil es die beste Methode sei, einen Menschen zu zerfetzen.

Cassius Dio berichtet ergänzend:

Bei einem Gastmahl mit Augustus zerbrach ein Sklave ein Glas. Pollio ordnete an, ihn in das Becken mit den Muränen zu werfen. Der Sklave bat Augustus, ein gutes Wort für ihn einzulegen, aber Pollio blieb hart. »Die Muränen-Strafe!« rief er. Da ließ der Kaiser alle Gläser des reichen Mannes bringen und zerschlug sie auf dem Marmorboden.

Nach dem Tod des grausamen Fischzüchters wurde die Villa geschleift. An ihrer Stelle wurde der Portikus errichtet, in dem ein Heiligtum der Eintracht stand.

»Gehen wir also ein bißchen spazieren«, dachte ich, »beim Spazieren hat man die besten Gedanken. Vielleicht fällt dir ein, wo dir schon einmal zwei dumme Polizisten den Fotoapparat weggenommen haben.«

Aber erst oben auf dem Esquilin, wo ich Anlaß hatte, mich in einer Kirche zu verstecken, fiel es mir ein. »Natürlich, Goethe, *Italienische Reise*, Malcesine am Gardasee, wo er den alten Turm zeichnet und die Beamten ihn für einen österreichischen Spion halten.«

Exkurs: Moses und Pasquino

Zu der Geschichte mit dem unseligen Schöpfer des misratenen *Moses*, der nicht von Michelangelo stammt, noch folgende Anmerkung:

In diesem Falle hefteten die anonymen Kunstkritiker ihre Verrisse an eine Statue, die *Pasquino* genannt wurde. Es gab etliche solcher Statuen in Rom, die *sprechende Statuen* genannt wurden, da sie eine Volksmeinung kundtaten, aber sie nahmen zu allen möglichen Tagesereignissen Stellung, nicht nur zu mißglückten Skulpturen.

Alle diese Statuen, die noch heute zu besichtigen sind, interessieren hier nur deshalb, weil sie aus der Antike stammen. Man heftete die Zettel an die Figur oder ihren Sockel. Die Äußerungen, oft in Gedichtform oder kleinen Dialogen, richteten sich gegen die Kirche, gegen Amtspersonen etc. Der Stil war deftig und satirisch. Im Barock stand die Todesstrafe auf solche Pasquinaden. Pietro Aretino mußte wegen eines Spottgedichts aus Rom fliehen.

Die bekanntesten *sprechenden Statuen* waren *Madame Lucrezia*, der *Abt Luigi*, der *Gepäckträger* (*il facchino*), *Mastro Pasquino* und *Marforio*.

Madame Lucrezia ist eine stark lädierte Marmorbüste aus dem Tempel der Isis, die eine üppige Matrone im reifen Alter zeigt. Sie stellte vermutlich Faustina dar, die 138 n. Chr. von ihrem Mann, Kaiser Antoninus Pius, zur Augusta erhoben wurde, und steht im *Palazzetto Venezia*, also neben dem *Palazzo Venezia* am Kapitol.

Abt Luigi stammt ebenfalls aus der Antike, wie man an seiner zerzausten Toga erkennt. Er steht in einer Ecke bei *S. Andrea della Valle*, also auf der Bühne des Pompeius-Theaters.

Pasquino steht auf der gleichnamigen Piazza, am *Corso Vittorio*. Vor ihm steht ein verstümmelter Torso. Er stammt aus einer hellenistischen Marmorgruppe aus dem 3. Jahrhundert (Menelaos mit dem toten Patroklos). Michelangelo bewunderte ihn.

Die größte Karriere machte *Marforio*. Er war ursprünglich ein Wassergott aus dem 1. Jahrhundert v. Chr. und schaffte als einziger den Sprung ins Museum auf dem Kapitol.

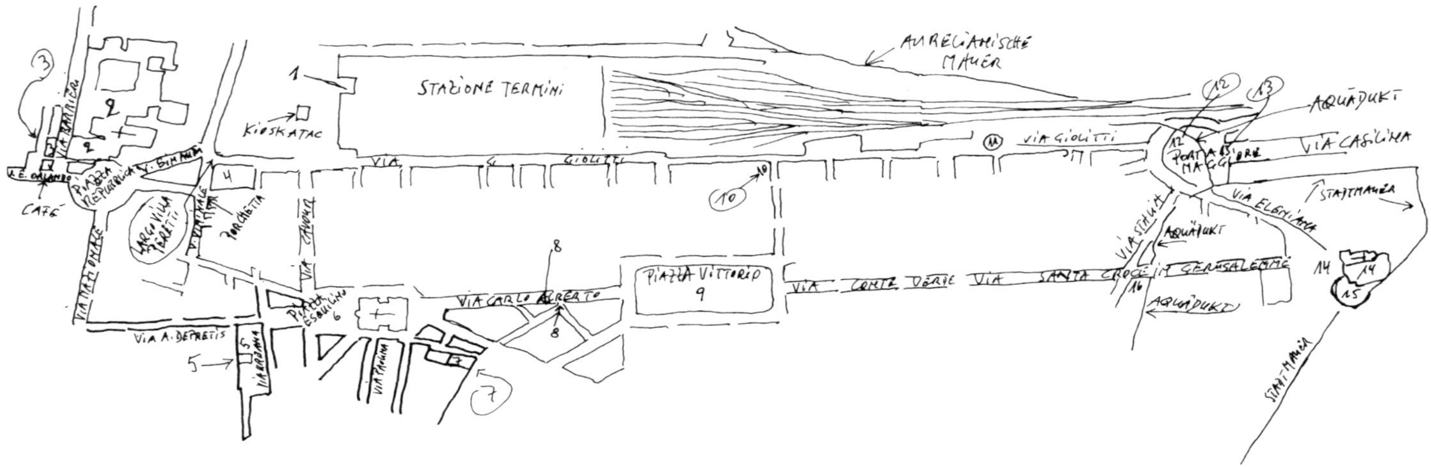
STAZIONE TERMINI
AURELIANISCHE MAUER
KIOSK ATAC
VIA GIOLITTI
VIA CASILINA
AQUÄDUKT
PORTA MAGGIORE
VIA ELENIANA
STADTMAUER
VIA STATILIA
PIAZZA VITTORIO
VIA CONTE VERDE
VIA SANTA CROCE IN GERUSALEMME
VIA CARLO ALBERTO
PIAZZA ESQUILINO
VIA CAVOUR
PORCHETTA
LARGO VILLA PERETTI
PIAZZA REPUBBLICA
VIA NAZIONALE
VIA A. DEPRETIS
VIA URBANA
VIA PANISPERNA
VIA BARBIERI
CAFÉ

ZWEITER SPAZIERGANG

Stazione Termini

Bildlegende

Stazione Termini (1)
Piazza Repubblica (2)
Via dei Barbieri (3)
Via Vitt. E. Orlando
Largo di Villa Peretti (4)
Via d. Viminale – Piazza B. Gigli –
Via D'Azeglio – Via A. Depretis
Via Urbana (5)
Piazza dell' Esquilino (6)
Via S. Prassede (7)
Via S. Martino ai Monti – Via Merulana –
Largo S. Alfonso – Via S. Vito
Via Carlo Alberto (8)
Piazza Vittorio Emanuele (9)
Via Lamamora – Via G. Pepe (10)
Via Giolitti (11)
Piazza di Porta Maggiore (12)
Piazzale Labicana (13)
Via Eleniana
Piazza S. Croce in Gerusalemme (14)
Via Nola – Viale Castrense (15)
Via S. Croce in Gerusalemme
Via Statilia (16)
Via Conte Verde – Piazza Vittorio Emanuele-Termini

(1) Servianische Mauer an der Via Marsala / (2) Diokletians-Thermen / (3) Oktagon/Planetarium / (4) Museum Palazzo Massimo / (5) S. Pudenziana / (6) S. Maria Maggiore / (7) S. Prassede / (8) Porta Esquilina (Gallienus-Bogen) und Mauerrest /

(9) Nymphäum / (10) Aquädukt / (11) Tempel der Minerva Medica / (12) Porta Maggiore, Aquädukte / (13) Grabmal des Eurisace / (14) S. Croce / (15) Amphitheater Castrense / (16) Aquädukt, Gräber aus republikanischer Zeit.

Beine vertreten

Nun ist die Frage, wie kommt ein Reisender auf die Idee, die römische Antike zu besichtigen. Nehmen wir an, Sie kommen aus Köln und wollen nach Cuma, wo Roms Geschichte anfing. Cuma liegt südlich von Rom. Der Zug fährt ein, und auf dem Schild steht: *Roma Termini.* »Aha«, denken Sie, »zwei Stunden Aufenthalt. Ich könnte mir die Beine vertreten.«

Sie nehmen die Reisetasche, gehen in die Bar, bestellen einen Kaffee und setzen sich. Es wird langweilig. Sie überfliegen die Zeitung. Im Lokalteil diskutieren Damen der Gesellschaft, ob es ratsam sei, sich den Busen wieder verkleinern zu lassen. Im Feuilleton: Martin Walser äußert sich auch in Rom. Er plädiert für Peter Handke.

Sie lesen so was nicht. Bloß keine modernen Autoren. Sie haben Plinius, Strabo, Tacitus und einen Grundriß der Vulkanologie dabei. Auch die *Aeneis*. Ohne *Aeneis* kein Cuma. Aber im Bahnhof ist es quirlig, man kann sich nicht konzentrieren.

Sie greifen zum Stadtführer, Rom und Umgebung, und stellen fest, daß sich vor dem Bahnhof ein stattlicher Rest der servianischen Mauer befindet.

Ferner empfiehlt Ihr Führer ein Denkmal zu Ehren der 1887 in Eritrea gefallenen Italiener nebst einem in Ägypten gestohlenen Obelisken, auf dem Ramses II. verherrlicht wird. Auf sechzehn Seiten werden »die ausgedehnten Reste« der Thermen des Kaisers Diokletian, das darin befindliche römische Nationalmuseum und eine von Michelangelos Kirchen beschrieben.

Die Badeanstalt, erbaut 298 bis 306 n. Chr. in der dichtbewohnten Region *Alta Semita*, lesen Sie, war die größte im alten Rom und bedeckte eine Fläche von fast 400 mal 400 Meter, etwa sechzehn Fußballfelder. Zweihundert Jahre lang war sie in Betrieb, bis der Gotenkönig Witigis den Römern das Wasser abstellte.

Sie beschließen also, einen Zug zu überspringen, geben Ihre Tasche der Gepäckaufbewahrung und verlassen den Bahnhof. Draußen stehe ich als Ihr Vergil und nehme Sie bei der Hand. Die hellgraue Mauer rechts ist wirklich ein stattlicher Rest, an die sechs, acht Meter hoch. Sie besteht aus riesigen, rechteckigen, an den Rändern rundlichen Tuffsteinen und ist von einem hohen Eisengitter umgeben.

Menschen aller Nationalitäten haben es sich vor der Einzäunung bequem gemacht. Einkaufswagen voller Tüten, auf dem Zaun hängt Wäsche. An die tausend Asylanten, Obdachlose, Reisende leben entlang einer Anlage, die vor 2400 Jahren erbaut wurde.

Nach etwa hundert Metern werden die herumliegenden Quader deutlich weniger, markieren nur noch den Verlauf der Grenze zu den Feinden draußen vor der Tür, und dort, wo der eine Bodenfund endet, beginnt ein neuer: Bierdosen, Tüten, Flaschen, leere Koffer und weggeworfenes Diebesgut.

An einem Kiosk vor dem Bahnhof steht eine Schlange, alles Touristen. Sie schließen sich an und erhalten kostenlos einen Plan der öffentlichen Verkehrsmittel, ein unerläßliches Hilfsmittel, egal, welchen Stadtführer Sie benutzen und wohin Sie wollen.

Sie können auch am Zeitungsstand auf dem *Platz der 500* (in Eritrea Gefallenen) das Werk *Roma Metro-Bus* kaufen. Es kostet zwar acht Mark, ist jedoch besser als der

Plan der ATAC und besteht aus einem Stadtplan und einer Broschüre, in der die 999 Buslinien der Stadt Rom und Umgebung und sämtliche Haltestellen verzeichnet sind.

So gerüstet schlendern Sie durch die *Via Einaudi* an den Thermen entlang. Diese sind ebenfalls eingezäunt, nur daß die hier auf dem Mäuerchen sitzenden Personen zumeist aus Asien zu stammen scheinen. Sie essen Pizza aus der Hand und haben kein Gepäck.

Sie erreichen die *Piazza Repubblica*, eine atemberaubende Anlage im Stil des ausgehenden 19. Jahrhunderts, als das ländliche Rom plötzlich Hauptstadt war und mit Berlin, Wien, London, Zürich, Paris konkurrieren mußte, und blicken in die *Via Nazionale*, an deren Ende ein weißer Monumentalbau winkt, der aussieht wie eine Schreibmaschine.

Nach einigem Rumfragen stellen Sie fest: Die Thermen sind *in restauro*, sollen aber zum Jahr 2000 fertig sein. Sie besichtigen deshalb nur die Kirche, die in einige erhaltene Teile der Badeanstalt gestellt wurde. Sie heißt *Maria der Engel und der Märtyrer* – zur Erinnerung an die vierzigtausend Christen, die angeblich beim Bau der Bäder mitgewirkt haben.

Die Fassade der Kirche, aus unverputztem Backstein, ist teilweise konkav und ein Stück real existierender Dekonstruktivismus, da sie aus der halbrunden Innenwand eines Saals besteht, in dem sich das Schwitzbad befand.

In der Badeanstalt

Der erste Raum ist eine Rotunde, konkav auf konvex, übertrieben schlank, mit einer Kuppel. Daran schließt sich ein Durchgang an, der in eine einschiffige Halle führt, die einen guten Eindruck von den gigantischen Dimensionen der Badeanstalt vermittelt.

Sie stehen in der Aufwärmhalle, fast hundert Meter lang, dreißig breit. Mächtige Säulen tragen die rund dreißig Meter hohe Decke. Die Kirche ist heller als üblich. Die Kapellen an den beiden seitlichen Enden enthalten Illusionsmalerei, falsche Säulen und derlei Schnickschnack, der im 16. Jahrhundert groß in Mode war. Am verblüffendsten ist jedoch, daß die Halle quer zur Längsachse steht, das heißt zur Linie zwischen Portal und Chor.

Sie verlassen die barocke Postmoderne, draußen hohe Bäume, Vogelgezwitscher, viel Verkehr. An der Ecke steht die *Aula Ottagona*, ein gut erhaltener Saal der Thermen, der seit dem Barock als Getreidesilo diente, im vorigen Jahrhundert als Gymnastikschule und seit den 20er Jahren als Planetarium. Das *Planetarium* enthält momentan einige Skulpturen aus dem ehemaligen Museum, darunter eine Unbekleidete ohne Kopf, die noch das untere Ende ihrer Ringellocken in Händen hält.

Antike Statuen sind in der Regel kopflos, mit Ausnahme der zahllosen Hermen. Diese haben nicht den Kopf, sondern das Geschlechtsteil eingebüßt. Das Wurzelloch ist mit Gips zugeschmiert, wie man im Hof des *Palazzo Altemps* (Nähe *Piazza Navona*) sieht.

Das Fehlen der beiden hauptsächlichen anthropologischen Merkmale lenkt davon ab, daß viele Skulpturen im alten Rom ungemein öde waren, künstlerisch wertlos, Massenware, dazu geschaffen, in der Gegend rumzustehen und nicht beachtet zu werden – in Parks, Thermen, Tempeln, Palästen, Portici, Alleen, Stadien, Gymnasien, Turnhallen und Zirkusanlagen.

Der bronzene Faustkämpfer des Apollonius macht eine Ausnahme von dieser Regel. Er ist erschütternd, und man könnte vermuten, es habe in der Antike so etwas wie Betroffenheit gegeben, wenn der Gedanke nicht ahistorisch wäre. Die etwa lebensgroße Arbeit zeigt einen Mann, der gerade einen Kampf gewonnen, also einen anderen getötet hat, doch Gesicht und Haltung drücken keinen Triumph aus. Der Kampfarm ist wie üblich mit einem breiten ledernen Band umwickelt, das auch die Faust bis zu den Knöcheln bedeckt. Ein kantiger eiserner Riegel auf den Mittelhandknochen zeichnet sich unter dem dünnen Leder ab. Gesicht und Oberkörper des Boxers weisen klaffende Wunden auf, an denen Blut klebt, aber die Verletzungen sehen aus wie Schnitte, die nicht von Faustschlägen stammen, sondern eher von einem Dolch. So ist der Kämpfer zugleich eine Darstellung seines Gegners, der die gefährliche Waffe präsentiert, die ihn so zugerichtet hat.

Die Paradoxie des Sieges ist dem Gesicht und der Haltung des Siegers eingeschrieben. Er sitzt müde und resigniert, die Unterarme auf die Schenkel gestützt, nur die Faust mit dem tödlichen Eisen ist noch leicht geballt, der Kopf ist abgewandt, kein Ausdruck macht die Augen lebendig, was daran liegt, daß es sie nicht mehr gibt.

Zwei Dinge sollte man beim Betrachten antiker Skulpturen nicht vergessen. Sie waren bunt angemalt, und die Augen waren eingesetzt.

Weitere logistische Vorbereitungen

Sie verlassen das *Oktagon*, dessen Besichtigung, einschließlich der erwähnten Reflexionen, etwa zehn Minuten gedauert hat, um nun auch die Seite der Thermen zu inspizieren, bis hinauf zur *Porta Collina*, erinnern sich aber, daß Sie noch nicht gefrühstückt haben. Sie bleiben also auf der *Via V. E. Orlando*.

Die *Bar zu den Thermen* wirkt einladend. Kellner in langen Schürzen und Berge von Tramezzini. An den Wänden hängen große, vergilbte Fotos, zeigen, wer vor Ihnen hier war. Fellini und seine Geisterschar, Totò und eine üppige Blondine, die nicht so aussieht wie Britt Ecklund oder Anita Ekberg. Das Lokal ist noch so eingerichtet wie damals, als wir mit dem FIAT 500 immer im Kreis um den Springbrunnen auf der *Piazza Repubblica* fuhren, um den Mädchen, die unter den Kolonnaden in den Cafés saßen, unter die Petticoats zu schauen. 1957 war das, und auf den Terrassen spielten die Salonorchester *Volare*. Eine Szene, die es seit dreißig Jahren nicht mehr gibt.

Manche Fotos zeigen auch, wie die Thermen damals aussahen. Die Westgoten unter Alarich, 410 n. Chr., und die Landsknechte Kaiser Karls V., 1527, stehen in jedem Geschichtsbuch als die großen Verwüster der Stadt, haben den Ruinen jedoch nicht halb so geschadet wie die letzten vierzig Jahre.

Sie nehmen ein Bier vom Faß und lassen sich ein Brötchen mit Schinken und Käse heiß machen. In der Buchhandlung Feltrinelli neben dem Kaffeehaus kaufen Sie nun noch je einen Stadtplan 1:8000 für die Innenstadt und 1:13 000 für die Peripherie. Sie bevorzugen die Pläne des »Istituto Geografico D'Agostini«, die es fast nur im Buchhandel gibt.

Damit sind Sie für größere Exkursionen bereit und umrunden erst mal die *Piazza Repubblica* auf der anderen Seite. Sofort stehen Sie vor dem *Palazzo Massimo*. Neben der Garderobe ist, wie in den meisten Museen, eine Buchhandlung. Als Greis über 60 zahle ich nichts (Ausweis bereithalten!), und auch meine Töchter (unter 18, aber aus der EU) brauchen in öffentlichen Sammlungen in Rom keinen Eintritt zu bezahlen.

Sollten Sie eine Besichtigung erwägen, so denken Sie an die römischen Öffnungszeiten. Fast alle Kirchen machen um zwölf Uhr zu, die meisten Museen haben montags geschlossen und schließen im übrigen häufig schon um

14 Uhr, letzter Einlaß noch früher, und es gibt seltsame Ausnahmen. Der *Palazzo Altemps* hat bis 20 Uhr geöffnet, die Sammlung der kapitolinischen Museen in der *Centrale Montemarini* auch fast immer. Am besten zuvor anrufen, aber bitte nicht bei einem Tourist-Office. Die sind schlecht besetzt. Rufen Sie direkt beim Museum an.

Das neue Thermenmuseum

Der *Palazzo Massimo*, in dem sich zuletzt ein Jesuitenkolleg befand (bekanntester Schüler: Ignazio Silone), wurde im 16. Jahrhundert für einen Kardinal Peretti errichtet und war berühmt für seinen Garten und seine Antikensammlung.

Man muß sich vorstellen, daß auf den drei nördlichen Höhenrücken (Quirinal, Viminal und Esquilin) riesige private Parks lagen, die erst im späten 19. Jahrhundert überbaut wurden, heute unter einer bombastischen Steinwüste liegen.

Die *Villa Peretti* auf dem Viminal-Hügel, die 1789 an die Familie Massimo überging, war einer dieser Gärten. Die Massimo machten nach 1860 ein Vermögen mit der Parzellierung des Geländes, auf dem auch zweimal ein Hauptbahnhof errichtet wurde – der erste 1867, eine komische Melange diverser Stile, dann, von 1938-50, der deutlich vom Faschismus infizierte jetzige Bahnhof.

Das 1998 eröffnete *Römische Nationalmuseum* im Palazzo Massimo bei den Thermen zu besichtigen, dauert etwa eine Stunde, aber es geht auch schneller, und der Katalog ist ausgezeichnet. Das erste Objekt, das Sie betrachten, thront gleich rechts in einem Glaskasten. Es ist eine große Minerva, die seltsamerweise einen Kopf hat.

Die Figur besteht aus Marmor, Alabaster und Basalt

und ist mehrfarbig. Es gibt etliche Skulpturen in Rom, die so collagiert sind, und die Effekte, die durch die Verwendung diverser Steinarten entstehen, sind recht apart. Die Sitte stammt aus Griechenland und war dort seit dem 5. Jahrhundert beliebt. Das führt zur zweiten Anmerkung.

Römische Skulpturen sind, wie der Faustkämpfer, oft Kopien von berühmten griechischen Originalen, wobei man sich nach den Wünschen der Kundschaft richtete. Mal ist die Kopie kleiner, mal größer, mal abgewandelt, je nach Größe der Nische. Die Kopisten waren griechische Sklaven oder Freigelassene. Ein großer Teil der griechischen Kunst ist uns überhaupt nur durch römische Kopien bekannt, so wie viele Meisterwerke der antiken Literatur nur durch Verweise in wertlosen Schriftrollen überliefert sind.

Nach der römischen Hegemonie über die italischen Völker, die in den Jahren 330–270 v. Chr. unterworfen wurden, kamen auch griechische Originale ins Haus, sofern sie nicht vor Ort vernichtet wurden.

Die griechischen Vorbildern nachempfundene Minerva aus dem 1. Jahrhundert, vor der Sie jetzt stehen, wurde 1923 am Südhang des Aventin direkt am Tiber gefunden, natürlich kopflos. Der Kopf ist ein Gipsabguß einer anderen Statue.

Der Einfall, einen kopflosen Leib und einen leiblosen Kopf miteinander zu verbinden, ist typisch römisch. Dekonstruktion und Rekonstruktion gehen Hand in Hand. Was wir als historischen Ablauf begreifen, ist in Wahrheit eine zufällige Collage.

Machen wir kehrt? Gehen wir weiter?

Im Parterre des *Palazzo Massimo* sind Republik und frühe Kaiserzeit dargestellt, im ersten Stock das 2. bis 4. Jahrhundert n. Chr., natürlich auch griechische Originale wie die *Niobedes*, die sich einen Pfeil aus dem Rücken zieht.

Die Skulptur ist knapp 2500 Jahre alt und stand in den Gärten des Sallust.

Das augusteische Zeitalter liebte die weiche, makellose, fast kitschige Darstellung, die das Verbrechen ausspart, das die Figur zum Thema macht. Man denke nur an den Gallier im *Palazzo Altemps*, der sich ein dickes Schwert von oben in den Brustkorb rammt, die tote Gattin im Arm. Der gleiche Trick, Blut und Entsetzen in Marmorglätte zu kleiden und ein extremes Ereignis – den Massenselbstmord der Galater nach der Niederlage gegen die Könige von Pergamon – unsichtbar zu machen.

Auch die Niobedes gehörte zu einer größeren Gruppe von Todesopfern. Ihre Mutter, Niobe, eine Enkelin des Zeus, Tochter des Tantalos, hatte je sieben Söhne und Töchter, auf die sie so stolz war, daß sie Leto verspottete, die von Zeus nur zwei Kinder hatte, eine männische Tochter und einen weibischen Sohn: Apollo und Artemis. Die ermordeten daraufhin zwölf der 14 Kinder, und Niobe ist heute für ihre Tränen darob berühmt.

Wie viele Kinder Niobe wirklich hatte, ist umstritten. Homer zählt zwölf, Hesiod 20, Herodot vier, Sappho 18, und nur Euripides zählt 14. Auf dem Berg Sipylos, dem letzten Heim der Titanen, steht sie noch heute, von Zeus aus Mitleid in eine Statue verwandelt. Sie ist ein menschenähnlicher Fels, der zu weinen scheint, wenn im Frühsommer der Schnee schmilzt.

Der *Palazzo Massimo* ist sehenswert, nicht nur als Bauwerk, das sich um einen großen Innenhof gruppiert.

In zwei Stockwerken hat man Werkgruppen gebildet und ihnen Texttafeln beigegeben, deren Lektüre ein paar Geschichtsstunden ersetzt, doch kann die Sammlung auch als Katalog römischer Haartrachten und Kleidermoden dienen.

Die Exponate sind exzellent wie die republikanischen Porträts, die Statue des Augustus als Pontifex Maximus oder das Porträt seiner Frau, Livia, genannt *die mit den weißen Hühnern*, die aus mehreren Gründen verehrt wurde. Einer war der Adler, der ihr ein schneeweißes Huhn brachte, das einen Lorbeerzweig im Schnabel trug. Aus dem Zweig wuchs der Wald, in dem ihr Gatte und seine Nachfolger die Zweige für ihre Lorbeerkränze brachen.

Ich mag auch den einbeinigen General von Tivoli und die Fresken des *Taubenschlags*. Der Fries stammt aus dem 1. Jahrhundert und wurde in einer Grabkammer der Nekropole auf dem Esquilin entdeckt. Er zeigt Szenen, die so oft dargestellt wurden, daß es noch heute einige Dutzend Abbildungen davon gibt:

Die Schwängerung der Rea Silva, die Schlacht am Numicus, das Wunder der *Luperkal* – also Elemente der Troja- und Romulus-Legende. Der Numicus, südlich von Rom, ist vermutlich das heutige Rinnsal Rio Torto, in dem Aeneas verschwand, die *Luperkal* eine Grotte am Fuß des Cermalus, wo die Zwillinge Romulus und Remus angeschwemmt wurden.

Dem Kaiserkult dient im gleichen Saal auch ein Altar, der Mars und Venus zeigt, die Mutter des Aeneas also und den Vater des Romulus, denn alle vier sind irgendwie Vorfahren des großen Augustus.

Das Christentum, das unbedingt zur Antike gehört, fügt sich nahtlos in die Rezeptionsgewohnheiten des heidnischen Rom. Drei Beispiele im *Palazzo Massimo*: Ein Fries von 290 n. Chr., der einige Wunder zeigt, die Christus bewirkt haben soll, ein sitzender Christus, ein Sarkophag.

Christus wird in dieser Zeit vor Kaiser Konstantin noch als Philosoph und Lehrer dargestellt. Er trägt das gebührliche Gewand, hat eine Frisur wie Apoll, der auch ein Geistesgelehrter war, und zeigt natürlich keine Stigmata. Der Sarg des Marcus Claudianus, eines Senatsadligen aus konstantinischer Zeit, zeigt Szenen aus dem Neuen Testament, aber es könnten auch die alten Mythen und Figuren sein, die da abgebildet werden.

Der Stil ist die Brücke zwischen neuer und alter Nachricht, er macht die ideologischen Währungen konvertierbar und sorgt für Kontinuität im jeweils Neuen oder anderen. Man kann das in Rom allerorten beobachten.

Hermes, der Gott der Hirten, mit dem Lamm auf der Schulter im *Museum Barracco* (am *Corso Vittorio Emanuele* Nähe *Campo de'Fiori*), ähnelt einer heidnischen Darstellung, die in *S. Clemente* in einer Schicht aus dem 4. Jahrhundert gefunden wurde und *Crioforo* heißt, also fast schon Christophorus, aber noch die populäre Philantropie verkörpert. In den Katakomben des Calixtus ist die gleiche Figur schon der gute Hirte, der die im Lamm symbolisierte Christenheit schultert und ins Jenseits trägt, obwohl er noch genauso aussieht wie seine heidnischen Vorbilder.

Um den dritten Stock des *Palazzo Massimo* zu besuchen, brauchen Sie einen Führer, aber es lohnt sich. Hier sind Gemälde, Mosaiken, Fußböden und nachgestellte Wohnräume aus verschiedenen römischen Prachtbauten ausgestellt. Besonders eindrucksvoll sind die illusionistischen Wandmalereien aus der Villa der Livia an der *Via Flaminia*. Man hat wirklich das Gefühl, in einem üppig umrankten Pavillon in einem zierlichen Garten zu sitzen.

Wie die Kirche zu einer Kirche kam

Sie verlassen nun den Palast, gehen nach links in die *Via Viminale*, wo eine Apsis »in laterizio« (= aus flachen Ziegelsteinen) in die Straße ragt, also eindeutig Antike, und kehren in die winzige Gaststube ein, vor der ein großes Wildschwein hängt, um ein Brötchen mit *porchetta*, also würzigem Wildschweinfleisch, zu essen und ein *quartino di vino sfuso* zu fassen, ein Viertel Weißwein vom Zapfhahn. Das Lokal besitzt nur zwei oder drei kleine Tische und ist ein Relikt der 50er Jahre.

Als nächstes besuchen Sie *Santa Pudenziana* auf dem *Viminale* und *Santa Prassede* auf dem benachbarten *Esquilino* – zwei Kirchen also, die tief in die Antike hinabreichen. Das alte Rom liegt selten auf Augenhöhe. Entweder man schaut runter, steigt runter, klettert in die Tiefe, oder der Blick wird nach oben gelenkt.

Viele Dinge dort oben sind schwerelos. An einem Haus an der Ecke der *Via Paolina*, an dem Sie gleich vorbeikommen werden, entschweben zwei Engel mit einem großen Medaillon, auf dem eine inbrünstig betende, esoterische Schönheit zu sehen ist, vor *Santa Maria Maggiore* – schon auf dem Esquilino – steht eine schwarze Gottesmutter auf einer Säule so dünn und hoch, daß sie einem fast das Genick bricht.

Kirchenportale sehen wir, die den Dachfirst weit überragen, und Reiter, die am Himmel schweben wie Carlo Alberto in dem kleinen Park hinter der römischen Quästur.

Santa Pudenziana liegt etwa drei Meter tief, aber auch das nur, weil der *Vicus Patricius*, wie die *Via Urbana* in der Antike hieß, irgendwann auf das Niveau der Kirche angehoben wurde. Das Haus des Senators Pudens und das Untergeschoß der Thermen des Novatus finden Sie nochmals neun Meter tiefer. Unter dem Schiff liegen die Reste der Badewannen (Besichtigung über die Kellertreppe).

Die frühen Christen erfanden ihre Legenden, die sie legitimierten, so gut wie die Alten. Wenn die Thermen 139 n. Chr. gebaut wurden, kann Pius I. nicht 140 n. Chr. die darüberliegende Kirche errichtet haben. Vielleicht war es so: Senator Pudens, Vater einer mächtigen Familie, erlaubte um 50 n. Chr. dem Apostel Petrus, in seinem Haus neben den Thermen zu predigen. Paulus erwähnt ihn im zweiten Brief an Timotheus (4, 21). Es gab ein von Pudens gestiftetes, deshalb *Titulus Pudentis* genanntes *domus ecclesiae*, und es war dieser frühchristliche Versammlungsraum, der von Pius I. geweiht wurde.

Ein Presbyter namens Pastore (Schäfer) soll dem Timotheus (also dem Schüler des Paulus und Sohn des Pudens) geschrieben haben, sein Bruder Novatus habe ihm das Haus auf dem Sterbebett versprochen, und Timotheus möge die Schenkung bitte bestätigen.

Die Töchter des Senators tauchten im Mittelalter noch einmal auf, als Pilger an der *Via Salaria* in den Katakomben der Priscilla die Gräber zweier Märtyrer namens Prassede und Potenziana (sic!) entdeckten, aber vielleicht gab es nie eine heilige Pudenziana. Vielleicht wurde die Kirche nach der angeblichen Stiftung des Pudens benannt, und vielleicht wurde auch diese von Herrn Schäfer nur erfunden.

Vielleicht war Timotheus kein Sohn des Pudens, und es hat nie einen Novatus gegeben. Vielleicht ist er eine Erfindung des Gegenpapstes Novatian, der ab 251 n. Chr. in dem gleichen Raum gepredigt haben soll und einen ehrwürdigen Erblasser brauchte.

Das Schisma scheint den Ort so entweiht zu haben, daß er von Papst Siricius (384 n. Chr.) neu geweiht werden mußte. Erst danach wurde die heutige Kirche errichtet, die samt den Mosaiken in der Apsis immer noch zu den ältesten Kirchen Roms gehört. Also gehen Sie getrost hinunter.

Die Seitenwände der Basilika zeigen, wie die Säulenhalle aussah, als sie zu einem Badehaus gehörte – das antike Mauerwerk, die zugemauerten Bogenfenster, die freigelegten Säulen, auf denen Lotuskapitelle liegen. Der Boden hat sich an vielen Stellen abgesenkt, wegen der darunterliegenden Antike.

Das Mosaik in der Apsis beweist, daß die christliche Mystik am Ende des 4. Jahrhunderts voll ausgebildet war. Es zeigt zugleich die ältesten auf einem Mosaik dargestellten Häuser, ist also auch baustilgeschichtlich interessant.

Die große Seitenkapelle links, nach dem Kardinal Caetani benannt, ein spätbarocker Schmachtfetzen, liegt direkt über dem Betraum des heiligen Petrus. Durch eine Tür in dieser Kapelle steigt man hinab. Als ich dort war, wollte niemand öffnen. Angeblich wurde die Antike gerade renoviert.

Das Blut der Märtyrer und der Poller Christi

Sie schlendern nun in die *Via S. Prassede* hinüber, wo sich ein Nebeneingang der *Kirche der Praxedis* befindet. Der Haupteingang liegt an der *Via S. Martino ai Monti* und wird von zwei antiken Granitsäulen mit ionischen Kapitellen flankiert. Hier stehen oft Reisende mit Plan und Führer schwitzend mit dicken Beinen in der Sonne und suchen die Klingel, und kein Schild bewahrt sie vor dem Kreislaufkollaps: »Bitte Seiteneingang benutzen.«

Im Mittelschiff bedeckt eine Scheibe aus Porphyr den Brunnen, in dem Jungfrau Praxedis das Blut der Märtyrer sammelte, was etwas verwirrend ist. Da die Kirche nachweislich erst seit dem Ende des 5. Jahrhunderts besteht, als das Christentum längst römische Staatsreligion war, kann es sich nur um die Märtyrer anderer Religionen gehandelt haben, die die Christen seit ihrer Machtergreifung im 4. Jahrhundert mit Feuer und Schwert verfolgten, als wären sie Heiden.

Sie besichtigen vor allem die winzige Kapelle des heiligen Zeno, die auch *Paradiesgärtlein* genannt wird. Sie ist vollständig mit Mosaiken geschmückt und das bedeutendste byzantinische Bauwerk der Stadt. Der Fußboden ist eines der ältesten Beispiele von *opus sectile* in mehrfarbigem Marmor, und die Säulen stammen natürlich aus heidnischer Zeit. *Opus sectile* heißt Mosaik. Wieder was gelernt.

Sehr bemerkenswert ist auch die kleine Säule, die 1223 aus Jerusalem hierhergebracht wurde. Sie ist geschwungen, ruht auf einer achteckigen Metallkonsole in einem zylindrischen Glasbehälter unter einem Baldachin, der auf vier zierlichen Säulchen schwebt, ist am oberen Rand ausgefranst und besteht aus blau-weiß-gesprenkeltem Marmor, der an Delfter Porzellan erinnert.

Auf dem Messingsockel klebt ein kleines Schild mit der Aufschrift: »Dies ist die Säule, an die Christus gefesselt war, als er ausgepeitscht wurde.«

Das verwundert uns, denn die Säule ist ein Stummel, wie die Poller, die früher in Toreinfahrten standen. Aufrecht kann Christus hier nicht gelitten haben. Zum Glück hat ein unbegabter Mensch eine Gebrauchsanweisung dazu gemalt. Sie hängt draußen an der Kapelle und zeigt die Geburt des Christentums aus dem Geist der Antike.

Auf dem Bild ragt aus dem Poller ein kleiner Ring, wie er früher gebraucht wurde, um das Pferd oben anzubinden. Christus liegt seitlich im Staub der Straße, wendet dem Betrachter sein trauriges Antlitz zu, und seine Handgelenke sind an den Ring auf dem Poller gebunden. Zwei unsympathische Kerle schwingen lange, mehrschwänzige Peitschen. Zuschauer keine. Das zeigt uns: So kann es nicht gewesen sein.

Ein sehr altes Stadttor

Ihr nächstes Ziel ist die *Porta Esquilina*, die am Ende einer Hauptstraße lag, die in der Antike *Clivus Suburanus* hieß. Heute ist sie ein Gäßchen namens *Via S. Vito*. Das Stadttor ist aus hellen großen Quadern und macht einen zerbrechlichen Eindruck. Sie gehen hindurch, die *Via Carlo Alberto* ein paar Meter nach links, wo ein großes Stück Mauer aus dem Wohnhaus in den Bürgersteig ragt. Alles stark verschmutzt. Neben dem Mauerrest ist eine Kneipe, ein uraltes eisernes Baugerüst steht davor.

Ihr Spürsinn ist geweckt. Sie schauen Richtung Bahnhof, zurück Richtung Stadttor und erkennen: Sie haben ein weiteres Stück der servianischen Stadtmauer entdeckt.

Warum das Restchen Mauer hier stehenblieb und warum dieses Stadttor, ist ein Rätsel. Sämtliche Tore der archaischen Befestigungsanlage sind verschwunden, hier und da liegen in der Stadt ein paar Mauerreste herum, aber vielleicht gibt es doch eine Erklärung.

Die Römer hatten bekanntlich die Sitte, ihre Toten außerhalb der Stadtmauern zu bestatten. Man kann deshalb immer erkennen, wie weit der Siedlungsraum reichte. Wo Gräber waren, wohnten keine Menschen.

In republikanischer Zeit bot sich dem Reisenden, der die *Porta Esquilina* erreichte, deshalb ein unappetitliches Bild. Er sah Massengräber, wo die Leichen von Sklaven und verarmten Plebejern hineingeworfen wurden. Sklaven, schreibt der Dichter Horaz, brachten sie in billigen Kästen hierher. »Den Spaßmacher Pantolabus und den Verschwender Nomentanus ließ man hier verrotten.«

Puticuli nannte man die Gräber, die erst zugeschaufelt wurden, wenn sie voll waren. *Putescere* heißt im Lateinischen *verwesen*. Ein häßliches, von bleichen Knochen übersätes Feld sah man, wenn man von der Stadtmauer hinunterblickte.

Die Häßlichkeit war nicht der einzige Nachteil der Gegend außerhalb der *Porta Esquilina*, die auch *Arco Gallieno* heißt. Es stank entsetzlich, und die offenen Gräber lockten die Tiere an. Vögel pickten sich Fleischstücke heraus, Hunde und Katzen fledderten die Kadaver, und es kam vor, daß man morgens auf der Türschwelle die Hand eines Sklaven fand oder daß einem beim Frühstück im Garten der Daumen eines verarmten Verwandten in den Haferschleim platschte.

So blieb der Torbogen vielleicht zur Erinnerung an solche Unbillen des Reichtums stehen, als kleiner Sieg der Verdammten dieser Erde über die Vergeßlichkeiten der Geschichte, doch auch das ist ungewiß. Sicher ist nur: Im 1. Jahrhundert n. Chr. ließ der berühmte Maecenas große Teile des Esquilin in Bauland umwandeln, das er gewinnbringend verkaufte.

Für sich selbst ließ er einen Park anlegen, unter dem die *puticuli* verschwanden, und die nutzlos gewordene Stadtmauer wurde in einen Wall verwandelt, auf dem ein kleiner Priapus mit einem riesigen knallroten Genital stand. Horaz sah Damen und Dichter, die Maecenas sich hielt, auf dem Wall flanieren. Das Auditorium, in dem die Dichterlesungen stattfanden, kann man besichtigen.

Aber das weiß man ja: Die Förderer der Kunst haben immer ein paar Leichen im Keller.

Rom stinkt ewig

Es sind von hier nur ein paar Schritte zur *Piazza Vittorio Emanuele*, auf der noch die Reste eines Monumentalbrunnens zu sehen sind, die uns bewußt machen, mit welch kleinwüchsiger Kunst im öffentlichen Raum wir heutzutage vorliebnehmen.

Die Gegend ist ein beliebtes Ausländerviertel, und man findet hier nicht nur die Ränder des Mittelmeers, die arabischen Völker bis Indien und die Asiaten bis zum Marianengraben versammelt. Auch Schwarzafrika und die Karibik sind vertreten. Es gibt chinesische Wäschereien, Gaststätten und Geschäfte aller Nationen.

Der Platz ist außen von einem Portikus und innen an allen vier Seiten von einem der schönsten römischen Märkte umgeben, der sich bestens eignet für Schulausflüge. Man lernt, wie viele verschiedene Arten von Fischen, Mollusken, Muscheln, Kopffüßlern, Dekapoden, Polypen, Schalen- und Krustentieren im etruskischen Meer leben, auch Muränen, die wir schon kennen.

Maghrebinische Knaben verscheuchen unentwegt, während sie lauthals Unverständliches anpreisen, große Schwärme großer Fliegen von den Fischständen, die artgerecht stinken, und daß trockene Würste, alte Schinken, harte Käse, Stock- und Klippfisch ihre eigenen Ausdünstungen haben, ist bekannt. Der Reiz liegt immer in der Mischung. Reine Düfte sind kurzlebig und langweilig. Rom stinkt ewig.

Auf der anderen Seite werden Innereien feilgeboten, und man sieht, was als eßbar gilt. Die ursprüngliche römische Küche, heute fast nur noch daheim gepflegt, besteht bekanntlich nicht nur aus Meeresfrüchten, die in unseren Breiten nicht zum Stammessen gehören, sondern aus einigen Dutzend Gerichten, die aus Eingeweiden hergestellt werden, wie die in Sauermilch gedünsteten, ungereinigten Kälberdärme, fritiertes Hirn, gegrillte Stierhoden, einem Mischmasch aus sämtlichen Innereien der Schafe sowie Kutteln nach diversen Rezepten.

Fahren Sie nachher ins Restaurant *Pomidoro* an der *Piazza Sanniti* mit der Tram 30B oder 19 Richtung *San Lorenzo* hinterm Bahnhof, Haltestelle Verano. Hier gibt's noch ein paar dieser Gerichte. Das Lokal ist bekannt für seine römische Küche und berühmt, weil der Dichter Pasolini dort zu Abend aß, bevor er nach Ostia fuhr ans Meer, wo er umgebracht wurde.

Ist der Bahnhof noch da?

Sie wollen sich nun vergewissern, ob Sie noch in der Nähe des Bahnhofs sind, und gehen entlang der Reste des Aquädukts neben der *Via Pepe*. Der Bahnhof ist noch da, und auf der anderen Seite sehen Sie die Oberkante der aurelianischen Stadtmauer, die hier im Nordosten nur wenig außerhalb der archaischen Mauer verläuft.

Die *Via Giolitti* parallel zu den Gleisen ist öde. Giolitti war ein liberaler Politiker, der 1920–21, also während der Wirren vor Mussolinis Marsch auf Rom, sogar Ministerpräsident wurde.

Einziger Höhepunkt der Straße ist eine große Ruine *in laterizio*, die wenig Eindruck macht, so ganz ohne Marmor und reingekippt ins Häusermeer. Man hält den Bau für das Nymphäum der Gärten des Licinius, der seit 308 n. Chr. Augustus war. Er regierte im Osten und war ein Schwager Konstantins, der im Westen regierte und ihn töten ließ. Außer ihnen gab es noch zwei echte Augustusse und einen falschen.

Der Volksmund bezeichnet die Ruine als Tempel der *Minerva Medica* (Dr. Minerva) wegen einer Statue, die hier gefunden wurde. Die Architekten der Renaissance studierten den Bau seiner hemisphärischen Kuppel wegen, die oft nachgebaut wurde. 1828, nachdem sich der Klassizismus zu einer akademischen Stilrichtung entwickelt hatte, stürzte die Kuppel ein.

Sie gehen bis zum Ende des Bahnhofsgeländes und sehen schließlich dort, wo der Gleiskörper die aurelianische Mauer durchbricht, die *Porta Maggiore*, das größte Tor der Stadt, das in der Antike natürlich anders aussah. Die Anlage der vielen hohen Mauern und Mauerbögen auf dem Platz, der das Tor umgibt, ist etwas unübersichtlich. Solche verwirrenden Baumassen sieht man häufig in Rom.

Sie gehen um das Tor herum in der Hoffnung auf Erkenntnis. Draußen steht ein Steinkasten mit runden Öffnungen an den Seiten, den ich für eine private Bibliothek halte, aber Ihr Stadtführer behauptet, daß es sich um das Mausoleum eines Bäckermeisters namens Eurisace handelt, der seine Millionen als Staatslieferant verdient habe. Nun wissen Sie auch, wie ein römischer Backofen aussah.

Das Stadttor ist riesig, besteht aus großen Travertin-Blöcken und ist reich verziert. Es wurde 50 n. Chr. von Kaiser Claudius errichtet und war ursprünglich ein Teil seines Aquädukts, der *Acqua Claudia*, die heute als Mineralwasser im Handel ist. Zweihundert Jahre später wurden Wasserleitung und Tor in die neue Stadtmauer integriert. Man sieht, wie groß die Leitung war, hoch droben auf dem Tor.

S. Croce in Gerusalemme

Sie schreiten unter dem Aquädukt hindurch und stehen nach wenigen Minuten vor *S. Croce in Gerusalemme*. Die Kirche hat einen hübschen Fußboden, ist potthäßlich und gehört deshalb zu den sieben Gotteshäusern, die der fromme Pilger besucht haben muß. Eine Wallfahrt muß wehtun.

Ursprünglich stand hier ein kaiserlicher Palast, zu dem auch das benachbarte Amphitheater gehörte.

320 n. Chr. ließ Kaiser Konstantin in einem Saal des Palazzo einen Raum für die Reliquien einrichten, die seine Mutter Helena in Palästina ausgegraben hatte.

Die heilige Helena war eine erstaunliche Figur. Sie stammte aus einfachen Verhältnissen, war Wirtin in Rom, lebte mit Konstantins Vater Constantius I. in wilder Ehe, bis sie aus politisch-dynastischen Gründen verstoßen wurde, und bekehrte ihren Sohn zum wahren Glauben. Der schickte sie nach Jerusalem, wo sie das Heilige Kreuz fand, von dem sie jedoch nicht viel mitbrachte: drei Splitter, einen Nagel, zwei Dornen aus der Krone Christi und ein erstaunlich großes Stück Holz mit der bekannten Aufschrift, das oben am Kreuz befestigt war.

Versuchen wir also die Reiseandenken der Heiligen zu besichtigen, die in einigen hübschen silbernen Staurotheken verwahrt werden, die in der 1930 erbauten *Kapelle der Reliquien* zu sehen sind. Vor uns steht eine philippinische Großfamilie, hinter uns eine Gruppe Japaner, die fotografieren, Amis hocken auf ihren Rucksäcken. Die philippinische Tochter übersetzt die Erläuterungen auf den Schildchen ins Spanische, ihr Vater übersetzt sie seiner Frau ins heimatliche Idiom, die erklärt es den Kindern und so fort.

Wir können so viel Spanisch, um zu bemerken, daß die Kreuzgeschichte hier falsch dargestellt wird. Die Geschichte des heiligen Kreuzes ist die Geschichte der Christianisierung der Antike. Jacobus de Voragine hat sie in der *Legenda aurea* überliefert, Piero hat sie in der Franziskanerkirche in Arezzo gemalt.

Das Theater des Heliogabal

Bevor Sie die Gegend verlassen, versuchen Sie noch das Amphitheater neben *S. Croce* zu besichtigen. Es wurde angeblich von Kaiser Heliogabal (218–222 n. Chr.) erbaut.

Ein Mann kommt mit einem Müllkübel heraus und läßt die Tür offen. Sie treten ein und sehen, das Theater ist bis oben hin aufgeschüttet, eine Mauer umgibt die kreisrunde Fläche, links ein überdachter Schacht in die Antike, rechts Parkplätze, ein paar Bäume und Büsche, ein großer Gemüsegarten. Eine ländliche Idylle.

Ein Mönchlein warnt Sie, den Garten zu betreten. Zu gefährlich. Erst kürzlich habe ein Beet, auf dem Artischocken wuchsen, den Abt in die Tiefe gerissen. Man plaudert über die Risiken der Antike. Da kehrt schon der Hausmeister zurück, kriegt einen Wutanfall und wirft Sie aus dem Paradies.

Über Heliogabal, der im Alter von vierzehn Jahren Kaiser wurde, gibt es ein bestürzendes Buch von Antonin Artaud. Seine Spezialität war das Sakrileg in jeder Form, möglichst blutig. Artaud behauptet, die Selbstkastration seiner Anhänger sei in großen Prozessionen erfolgt. Er habe einen Tempel besessen, in dessen Keller das Blut aufgefangen wurde. Auf dem Dach kastrierten sich die Gläubigen, und über Spiralen wurde das Blut abgeleitet.

Er habe die große vestalische Jungfrau nicht nur zeremoniell *gegriffen*, sondern geschändet. Die Prätorianer hätten ihn schließlich zerfleischt und in den Tiber geworfen. In meinen Reiseführern steht so etwas nicht.

Auf dem Rückweg zur *Piazza Vittorio* verweilen Sie kurz an der *Via Statilia* gegenüber dem Aquädukt, das der Wasserversorgung des *domus aurea* diente, um das Mausoleum aus republikanischer Zeit zu besichtigen, das hier unter einem niedrigen Dach an der Ecke der *Villa Wolkonski* steht, und hören sich die Kreuzgeschichte an. Es ist eine der endlosen römischen Geschichten. Immer, wenn man denkt, sie ist vorbei, geht sie weiter.

Wie die heilige Helena das Kreuz fand

Die Geschichte geht so: Der sterbende Adam schickt seinen Sohn Seth ins Paradies, um Öl vom Baum der Barmherzigkeit zu erbitten. Erzengel Michael gibt ihm jedoch nur einen Zweig vom Baum der Erkenntnis, den Seth nach Adams Tod in dessen Mund pflanzt. Aus dem Zweig wird ein mächtiger Baum, den König Salomon fällen läßt, um daraus seinen Tempel zu errichten, aber aus irgendeinem Grund wird aus dem Holz nur eine Brücke gebaut.

Später kommt die Königin von Saba über diese Brücke, um König Salomon zu besuchen, und prophezeit ihm, daß an diesem Holz eines Tages einer hängen werde, dessen Tod das Reich der Juden vernichten werde. Salomon erschrickt, läßt die Brücke sofort abreißen und das Holz vergraben, aber ein wunderbares Gewässer spült es frei, und so kann wenigstens das Kreuz gezimmert werden.

Nach Christi Tod verliert sich die Spur des Holzes. Es ist nicht leicht zu verstehen, daß Christus am Baum der Erkenntnis gekreuzigt wurde.

Erst 312 n. Chr., vor der Schlacht am Ponte Milvio gegen seinen Rivalen Maxentius, der sich ebenfalls als Augustus ausgab, hat Konstantin einen Traum. Er sieht das Kreuz und hört die Worte: »In diesem Zeichen wirst du siegen.«

Natürlich siegt Konstantin, wird Alleinherrscher, schwört seinem Glauben an den Sonnengott Helios-Apollo ab, verwandelt den Geburtstag seines Gottes, den 25. Dezember, in den ersten Weihnachtstag und schickt seine Mutter nach Jerusalem, das Kreuz suchen.

Die Mission ist schwierig. Nur ein Levit namens Judas kennt die Stelle. Helena läßt ihn sieben Tage in einem Brunnen schmachten, dann ist er weich und verrät den Ort, wo das Kreuz versteckt wurde. Es liegt auf dem Berg Golgatha, wo seit Helenas Ausgrabungen die Grabeskirche steht.

Wer dort war, kann bestätigen: Die Grabeskirche ist ein Gemischtwarenladen. Es gibt alles. Sogar einen Sarg, in dem die Gebeine Christi liegen. Aus einer Wand ragt die Spitze von Golgatha, und das Kreuz war in einer Höhle im Keller vergraben.

Aber lassen wir das. Es muß ausreichen, daß die Andenken in *Santa Croce* durch Folter erpreßt wurden.

Sie gehen jetzt einfach zurück zum Bahnhof, holen Ihren Koffer, nehmen den 62er Bus ab *Piazza Cinquecento* und fahren hinunter in die Stadt, bis zum *Largo Argentina* würde ich sagen, Stichwort: *Die Iden des März*. Es gibt da um den *Campo de'Fiori* eine Menge preiswerter Hotels, guter Eßlokale, netter Kaffeehäuser, hübscher Plätze, angenehmer Paläste und noch viel mehr Antike zu besichtigen.

Wußten Sie zum Beispiel, wo Cäsar ermordet wurde?

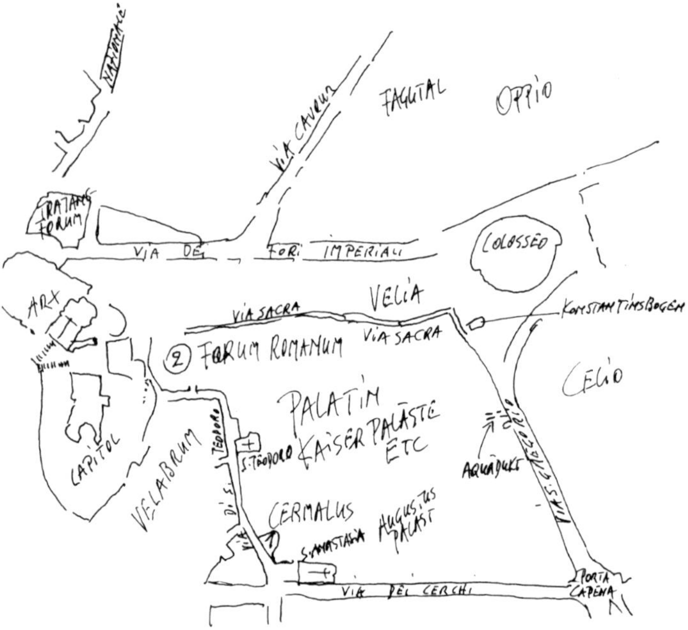

NAZIONALE
VIA CAVOUR
FAGUTAL
OPPIO
TRAJANS FORUM
VIA DEI FORI IMPERIALI
COLOSSEO
ARX
VIA SACRA
VELIA
VIA SACRA
KONSTANTINSBOGEN
2
FORUM ROMANUM
CELIO
PALATIN
KAISERPALÄSTE
ETC
CAPITOL
VELABRUM
VIA DI S. TEODORO
S. TEODORO
AQUÄDUKT
VIA S. GREGORIO
CERMALUS
AUGUSTUS PALAST
S. ANASTASIA
VIA DEL CERCHI
PORTA CAPENA

DRITTER SPAZIERGANG

Von den Luperkalien zu den Iden des März

Ein Kampf um Rom

Die Geschichte ist ausgiebig überliefert. Sie beginnt am 9. August 48 v. Chr. in der Ebene von Pharsalos in Thessalien. An diesem Tag schlug Cäsar seinen gefährlichsten Rivalen. Pompeius flüchtete nach Ägypten und wurde dort sofort ermordet.

Das Motiv für den Mord war verständlich: Die Berater des ägyptischen Königs Ptolemaios fürchteten, der große Cäsar könnte es übelnehmen, wenn sie seinen Gegner laufen ließen, doch Cäsar konnte nicht hinschauen, als man ihm Haupt und Ring des Ermordeten brachte, ließ die Mörder hinrichten und schlug auch Ptolemaios.

BILDLEGENDE

Via di S. Teodoro (1)
Via d. Cerchi
Via di S. Gregorio
Via Sacra
Forum Romanum (2)

(1) *Grotte des Lupercus, Feigenbaum, Landestelle Romulus und Remus* / (2) Comitium (Versammlungsplatz), schwarzer Stein (= Grab des Romulus), Rostra, julische Senatskurie

Vier Jahre später wurde er selber am Standbild seines Gegners ermordet, und sein Blut spritzte über die ganze Statue. Fast mochte es scheinen, als ob Pompeius die Rache an seinem Gegner leitete, der zu seinen Füßen hingestreckt aus zahllosen Wunden blutend mit dem Tode rang.

Über die Hälfte der römischen Bürger fiel dem Bruderkrieg zwischen Pompeius und Cäsar zum Opfer, und dies war nur der Auftakt zu einem noch größeren Machtkampf, der mit Cäsars Ermordung ausbrach. Keiner der Attentäter überlebte. Marcus Junius Brutus und Cassius, die zwei Anführer der Verschwörung, begingen nach der Schlacht bei Philippi Selbstmord. Cassius erstach sich mit demselben Dolch, den er gegen Cäsar geführt hatte.

Der Machtkampf lag in der Natur der Verhältnisse. Die gesellschaftliche Balance war nicht mehr zu halten. Seit der Ermordung der beiden Gracchen (133 und 121 v. Chr.), seit dem Scheitern ihrer Sozialreformen wurde die öffentliche Ordnung immer mehr zum Problem. Paramilitärische Banden beherrschten die Stadt und terrorisierten die Bürger. Cäsar machte 58 v. Chr. den Anführer einer dieser Banden, Clodius Pulcher, sogar zum Volkstribun.

Sein Gegner war der Bandenchef Milo. Pulcher lief bald aus dem Ruder, verspottete das Triumvirat Pompeius-Cäsar-Crassus (Adel-Macht-Geld) und verbannte Cicero aus der Stadt. Pompeius wurde de facto Diktator (consul sine collega), um Ordnung zu schaffen, d.h. die Hintermänner der Banden sollten diese nun selbst bekämpfen.

Während der Luperkalien im Jahr 44 v. Chr. soll sich ein peinlicher Zwischenfall zugetragen haben. Cäsar saß im Triumphgewand auf den Rostren und betrachtete die Volksbelustigung. Marc Antonius, der an dem Volkslauf teilnahm, überreichte seinem Herrn ein lorbeerbekränztes Diadem, das Zeichen der Monarchie. Bestellter Beifall. Als Cäsar die Ehrung zurückwies, großer Jubel. Cäsar hatte Antonius gerade erst zum Konsul befördert, und das Volk roch den Braten. Abermals versuchte Antonius Cäsar zu krönen, abermals kärglicher Beifall und großer Jubel, als Cäsar das Diadem ablehnte.

Zu dem Zeitpunkt waren Cäsars Standbilder auf dem Kapitol schon mit Königsdiademen geschmückt. Zwei Volkstribunen rissen sie herunter, und wieder jubelte das Volk. Cäsar ließ die Tribunen absetzen und hielt selber die Anklagerede.

Daß er die alleinige Macht wollte, lag auch in seiner Person begründet. Er war als Schuldenmacher und Redner berühmt geworden, später ein tapferer Krieger, großer Eroberer und charismatischer Führer. Er kam aus Afrika, wo er seine innenpolitischen Gegner, Scipio und andere, abgeschlachtet hatte, und feierte drei Triumphe auf einmal. So was macht man nicht nur aus Staatsräson, selbst wenn man erkannt hat, daß die Herrschaftszeiten des alten römischen Senatsadels im Zeitalter des Imperiums antiquiert waren.

»Männer starben da«, schreibt Plutarch in seiner Cäsar-Biographie, »die in Rom einst Konsuln und Prätoren gewesen waren.« Er aber sagte ganz bescheiden: »Die Gebiete, die ich in Afrika erobert habe, sind so groß, daß der Staatskasse davon jährlich zweihunderttausend attische Scheffel Getreide und drei Millionen Pfund zufließen werden.«

Das war ein Argument in Rom, wo große Teile der Bürgerschaft verarmt waren und von Sozialhilfe lebten.

Der einzelne und sein Eigentum

Er hatte seine politische Karriere, wie in der Republik üblich, relativ spät begonnen, mit einunddreißig, aber danach ging es Schlag auf Schlag. 61 v. Chr. in Spanien Kriegsruhm erworben, 59 das erste Konsulat, danach Gallien erobert,

Feldzüge nach England und Deutschland, 49 den Rubikon überschritten, um den Endkampf gegen Pompeius aufzunehmen.

Den Bürgerkrieg finanzierte er, indem er sich gewaltsam Zutritt zum Saturn-Tempel verschaffte und den römischen Staatsschatz plünderte. Lukan, ein Dichter Neros, hat die Szene überliefert, in der der Volkstribun Metellus sich dem Gesetzesbrecher entgegenstellt. Cäsar argumentierte schlicht, daß auch die fünfhundert Jahre der Republik nicht zur Gleichstellung eines Volksvertreters mit einem Patrizier geführt hätten.

»Nicht bis zu diesem Grad«, hält er dem Volkstribun vor, »hat die lange Zeit das Höchste mit dem Niedrigsten gleichgestellt, daß die Gesetze, wenn sie durch die Stimme eines Metellus verteidigt werden, es nicht vorzögen, daß ein Cäsar sie aufhebt.«

Metellus weicht der Gewalt und tröstet sich mit einem erstaunlich modernen Argument. Ein Volk, das von der Tyrannei bedroht wird, geht zugrunde, wenn es auf seiner Freiheit insistiert. Es rettet sich wenigstens einen Schatten der Freiheit, wenn es das vom Tyrannen Befohlene tut. Wörtlich sagt er sich:

»Die Freiheit geht durch Freiheit zugrunde.«

Metellus öffnet die Tür, und zum Vorschein kommen die Beute des Punischen Krieges, des Siegs über die Mazedonier, das Gold, das Pyrrhus auf seiner hastigen Flucht zurückließ, das die Vorfahren erspart haben, die reichen Völker Asiens als Tribut schickten, der kretische König Minos abgeben mußte, Cato über ferne Meere heimbrachte aus Zypern, die Reichtümer des Orients und die Schätze der gefangenen Könige, die zuletzt noch dem Triumph des Pompeius vorangetragen wurden.

Die Aufzählung ist eine Liste von Kriegen, doch nicht daß der Reichtum Roms sich auf Raub stützt, kommt dem Dichter in den Sinn, sondern daß nun, da die Oligarchie in die Herrschaft des einzelnen mündet, dieser zum Eigentümer des Ganzen wird.

»Erbärmlicher Raub«, klagt er, »leert den Tempel, und damals zuerst war Rom ärmer durch Cäsar.«

Dessen Standesgenossen sahen das anders. 46 v. Chr. machten sie ihn zum Diktator auf zehn Jahre, und noch im Januar 44 ernannte der Senat ihn zum Diktator auf Lebenszeit. Er durfte einen Lorbeerkranz tragen, sich Imperator nennen und den Titel vererben, war Pontifex Maximus, besaß das Recht, in Rom zu reiten et cetera.

Das alles entsprach irgendwie der Verfassung. Man konnte in Rom praktisch alles werden, nur nicht König. Doch paradoxerweise feierten die Römer mit den Luperkalien ein Fest, das seinem Wesen nach die Unsterblichkeit ihres ersten Königs bestätigte, und wenn in Rom noch immer ein König gefeiert wurde, konnte das Königtum auch erneuert werden.

Das Wunder der Luperkal

Die Luperkal war eine Grotte am Fuß des Palatin – an jenem Teil des Hügels, den die Römer *Cermalus* nannten – gleich neben dem *ruminalischen Feigenbaum*. König Evander hatte hier ein Heiligtum gestiftet, zum Dank für die freundliche Aufnahme durch den Hirtengott Faunus.

In der Höhle säugte die Wölfin Lupa Romulus und Remus. Tatsächlich war es die Gattin des Hirten Faustulus, eine gewisse Acca Larentina, genannt die Wölfin, doch die bigotten Römer wollten nicht zugeben, daß eine stadtbekannte Prostituierte die ausgesetzten Zwillinge gerettet hatte.

Der Gott Lupercus, dem zu Ehren die Luperkalien gefeiert wurden, war identisch mit Faunus – ein Wolfsabwehrer, der die Herde vor dem gefährlichen Viehräuber schützte. Er trug einen Lendenschurz aus Ziegenfell und eine Zakkenkrone, also exakt das Kostüm, das der Konsul Marc Antonius trug, als er Cäsar das Königsdiadem anbot.

Die Luperkalien waren das älteste und dauerhafteste römische Fest. Es war so beliebt, daß die Kirche es nicht einfach verbieten konnte, als ab 394 n. Chr. die heidnischen Kulte beseitigt wurden. Das heilige Säugetier erfuhr dadurch eine witzige Transformation. Am Rande der christlichen Ikonographie schwebt eine Maria mit entblößtem Busen. Ihre Hand vollführt eine Melkgeste, und die Brust verspritzt Milch. Mal netzt sie im Vorbeiflug einen Dürstenden, mal besprüht sie die Wunden eines sterbenden Kriegers, und ein Schema liebe ich besonders:

Unten leiden von Flammen umzügelt, von Teufelchen gepiesackt, viele kleine Verdammte in der Hölle, von oben lindert ihre Schmerzen die milchspendende Maria, als wären ihre Brüste eine Gießkanne. In den Bildern der bayerischen Volksfrömmigkeit kann man dieses Thema finden.

Die Leitung der Luperkalien oblag zwei Geschlechtern des ältesten Senatsadels der Hügelrömer – den Quintilianern, die zum Gefolge des Romulus gehörten und auf dem Palatin opferten, und den Fabianern, dem Gefolge des Remus, die auf dem Quirinal einen Kult pflegten, was insofern unstimmig ist, als Romulus nach seinem Tod als Quirinus vergöttlicht wurde und dem Quirinal seinen Namen gab.

Vermutlich stammte Remus vom Palatin. Das würde auch erklären, warum er sich nicht an die Furche hielt, die Romulus um den Palatin zog. Davor hatte man die Grenzen nach Art der Naturvölker nur abgesteckt.

Man traf sich also zur Erinnerung an die wundersame Errettung der Knäblein unter allerlei heidnischem Schabernack und lief einmal um den Palatin, nackt, nur mit den Fellen der geopferten Böcke bekleidet. In den Händen trugen die Teilnehmer Riemen aus dem Fell der Opfertiere, mit denen sie die am Weg applaudierenden Damen zum Schein auspeitschten

Der Lauf endete am *Comitium* (Versammlungsplatz vor der Senatskurie), wo ebenfalls ein *ruminalischer Feigenbaum* stand. Das zeigt, daß die Luperkalien ganz auf die Romulus-Legende abgestellt waren. Sie begannen am Ort seiner Wiedergeburt aus dem Wasser und endeten am Ort seines Todes.

Der Feigenbaum war ein Symbol der Fruchtbarkeit. Vor allem unfruchtbare Damen drängelten sich deshalb an die Läufer und ließen sich mit dem Riemen streicheln. *Il fico* ist die Feige, der Feigenbaum. Das Wort wird auch weiblich gebraucht, *la fica*, und hat dann eine Doppelbedeutung: die Feige, die Vulva. Als Fruchtbarkeitskult leben die Luperkalien bis heute fort, wenn in der Jugendsprache *il fico* einen kräftigen Jüngling, aber auch das männliche Geschlechtsteil meint.

Tatsächlich waren die Teilnehmer vorwiegend junge Männer – zweimal zwölf, zur Erinnerung an die zwölf Jünglinge, die die halbanimalischen Gottkönige Pico und Fauno überlistet hatten.

Erst im Jahr 45 v. Chr. wurde Cäsar zu Ehren ein drittes Priesterkollegium eingerichtet, dessen Magister (Vorsteher) sein Gefolgsmann Marc Antonius wurde. Diese dritte Gruppe wurde auch honoriert.

Indem ein Priester des bis heute nicht nachgewiesenen Gottes Lupercus dem Herrscher die Königswürde anbot, erwiesen die Luperkalien sich als der erste Kult, der noch vor Einführung des Prinzipats monarchistische Elemente enthielt, und so war es folgerichtig, daß Augustus im Zuge seiner Restaurationsbestrebungen das luperkalische Heiligtum wiederherstellen und zur Verdeutlichung seiner Funktion dort auch die Wölfin mit den Zwillingen aufstellen und wieder einen symbolischen Feigenbaum pflanzen ließ.

Die Behauptung, daß Cäsar die Königswürde anstrebte, war ein Schachzug der Partei im Senat, die den alten Adel vertrat. Die Idee, daß Cäsar eine neuartige Form der Tyrannei anstrebte, die sich auf das Militär stützte und mit sozialdemagogischen Methoden die verarmte Unterschicht als Legitimationsbasis benutzte, war noch nicht definierbar. Sie ist als Herrschaftsform ein Kind des 20. Jahrhunderts.

Unterstellte man, daß Cäsar das Rad der Geschichte um fast fünfhundert Jahre zurückdrehen wollte, so war es jedoch logisch, daß Marcus Junius Brutus die republikanische Opposition gegen Cäsar anführen mußte. Sein Ahnherr Junius Brutus galt als Befreier Roms von der Monarchie. Auf dem Capitol hatten ihm die Römer ein Bronzedenkmal errichtet, das ihn mit gezücktem Schwert zeigte.

Als Cassius nach Mittätern suchte, erklärten sich alle einverstanden, Cäsar zu ermorden, unter der Bedingung, daß Marcus Junius Brutus die Führung übernehme. Er war Philosoph, Redner und gehörte zu einem der angesehensten Geschlechter. Als Cäsar nach Afrika ging, um Cato und Scipio zu besiegen, ernannte er Brutus zum Statthalter des südlichen Gallien. Noch kurz vor seinem Tod übertrug Cäsar ihm die angesehenste, die städtische Prätur, und es ging das Gerücht, er sei sogar sein Vater gewesen.

Plutarch behauptet, nur Vaterlandsliebe habe Brutus zum Tyrannenmord getrieben. »Cassius haßte den Herrscher«, schreibt er in seiner Brutus-Biographie, »Brutus die Herrschaft.« Aber man kann bezweifeln, daß der römische Adel ein Vaterland hatte. Sie arbeiteten für Ruhm und Reichtum ihres Geschlechts, ihrer »gens«.

Der Monat nach den Luperkalien und die sieben Tage nach dem Mord waren voller Zeichen. Strabo berichtet von kämpfenden Gestalten am Himmel und nächtlichem Getöse. Einem Sklaven fuhr loderndes Feuer aus dem Arm. Ein Tier, das Cäsar opfern wollte, hatte kein Herz. In der Nacht vor den Iden des März, als Cäsar schlief, sprangen die Türen und Fenster auf, und heller Mondschein drang ins Zimmer.

Am anderen Morgen beschwor ihn Calpurnia, seine dritte oder vierte Frau, die Senatssitzung abzusagen. Es war nämlich an Cäsars Haus als Zeichen seiner Würde ein Firstschmuck angebracht worden, und sie träumte, der Senat habe beschlossen, ihn wieder abzureißen. Als auch die Seher erklärten, sie könnten nur ungünstige Zeichen erkennen, ließ er die Sitzung absagen.

Die Entscheidung war mißlich, denn der Diktator selbst hatte den Senat einberufen. Er sollte beschließen, daß Cäsar in den außeritalienischen Provinzen Roms und im Ausland den Titel eines Königs führen dürfe. Ein Mitverschwörer namens Decimus Brutus, genannt Albinus, der zu seinen engsten Beratern gehörte, überredete ihn schließlich, doch zu kommen, und er war es auch, der Marc Antonius ablenkte, als Cäsar hereingetragen und von den Senatoren zu seinem Platz, der *sella curulis*, geleitet wurde.

Als der erste Stoß geführt war, packte die Cäsarianer Furcht und Schrecken, und sie griffen nicht ein. Die Verschwörer zogen nun alle das Schwert, denn es war verabredet, daß jeder einen Streich gegen das Opfer führen und sein Blut kosten solle.

Einige erzählen, Cäsar habe sich zunächst noch gewehrt und den Stößen auszuweichen versucht, als er aber Marcus Junius Brutus erkannte, ergab er sich in sein Schicksal. Die Toga über den Kopf ziehend, empfing er stumm, nur zuweilen leise aufstöhnend, die Stiche.

Überliefert wurde die Szene von Plutarch (* 50 n. Chr.) und Sueton (* 70 n. Chr). Den berühmten Satz: »Auch du, mein Sohn Brutus«, kennen beide nicht, doch bei Sueton sagt Cäsar immerhin: »Auch du, mein Kind«, wenngleich auf griechisch.

Als Brutus nach dem Mord in die Mitte des Saales trat, um eine Ansprache zu halten, verließen alle Senatoren fluchtartig die Kurie, und auch das benachbarte Theater des Pompeius leerte sich rasch. In der Stadt brach Panik aus. Die Leute verschlossen die Häuser und ihre Geschäfte.

Brutus und die anderen Verschwörer zogen auf die Burg, schwenkten die blutigen Dolche, riefen: »Der Tyrann ist tot!«, und forderten das Volk zur Freiheit auf. Auf einer Stange hielten sie eine Filzkappe hoch, das Symbol der freigelassenen Sklaven. Schon in der Nacht, die sie auf der Arx verbrachten, erschien ein Komet am Himmel.

Am nächsten Tag hielten Brutus und Cassius eine Versammlung ab, die unter einem schlechten Stern stand, denn es gab eine Sonnenfinsternis. Brutus feierte den Mord als Befreiungstat, doch die Menge schwieg.

Abermals einen Tag später berief Marc Antonius, nun der einzige Konsul, eine Senatssitzung ein und riet zur Versöhnung. Auch Gegner Cäsars plädierten dafür, die politischen Gegensätze als erledigt zu betrachten. Die Attentäter wollten die Anhänger Cäsars verschonen und umgekehrt.

Der Senat bestätigte sogar alle von Cäsar getroffenen Verfügungen. Das hatte den Vorteil, daß niemand sein Amt verlor. Brutus und Cassius erhielten Provinzen und wurden von führenden Cäsarianern zum Gastmahl eingeladen.

Doch der Burgfriede war brüchig. In der Nacht erschien wieder der Komet, und die Stimmung verschlechterte sich noch, als Cäsars Testament eröffnet wurde. Cäsar schenkte dem römischen Volk die Villa in Trastevere, die er mit Kleopatra bewohnt hatte, dazu noch jedem Bürger einen erklecklichen Geldbetrag. Zu seinem Haupterben setzte er Gaius Octavius, den späteren Kaiser Augustus, ein, bestimmte aber einen der Attentäter, Decimus Brutus, zum Ersatzerben und Vormund des zukünftigen Kaisers.

Sieben Tage lang stand der Komet am Nachthimmel.

Am 20. März fand die offizielle Trauerfeier statt und geriet dank geschickter Inszenierung zu einem antirepublikanischen Fanal. Auf einer Stange wurde die zerfetzte, blutbesudelte Toga ausgestellt. Auf einer Wachsfigur mit den Zügen des Toten waren die Stiche und Wunden zu sehen. Die Totenrede hielt bekanntlich Antonius: »For Brutus is an honourable man.« (Shakespeare)

Er ließ alle Senatsbeschlüsse verlesen, denen Cäsar seine Macht verdankte, um zu zeigen, daß er kein Usurpator war, und schlußendlich den Eid, mit dem alle Römer sich verpflichteten, Cäsars Leben zu schützen.

Nun war kein Halten mehr. Als die Bahre zur Verbrennung aus der Stadt aufs Marsfeld getragen werden sollte, schleppte das Volk Bänke und Tische herbei, errichtete einen Scheiterhaufen, warf alles hinauf, was brennbar war, Instrumente, Waffen, Kleidung, und verbrannte den Diktator gegen allen Anstand auf dem Forum Romanum.

Kurz drauf errichteten Cäsarianer dort eine Gedenksäule mit der Aufschrift: »Dem Vater des Vaterlands.« Kaiser Augustus ließ fünfzehn Jahre nach Cäsars Tod am Ort seiner Verbrennung einen Tempel errichten, dessen Reste heute noch zu sehen sind.

Brutus floh. Auf der Flucht erschien ihm ein Geist und rief: »Bei Philippi sehen wir uns wieder!« Im gleichen Jahr wurde Cäsar durch Senatsbeschluß zum Gott erklärt. Im Jahre 30 v. Chr., nach der Schlacht bei Actium, war auch Marc Antonius tot und Augustus Alleinherrscher.

Selten haben politische Attentäter so sehr ihre Absicht verfehlt. Der Ort des Attentats wurde zugemauert. Später verwandelte man ihn in eine öffentliche Bedürfnisanstalt.

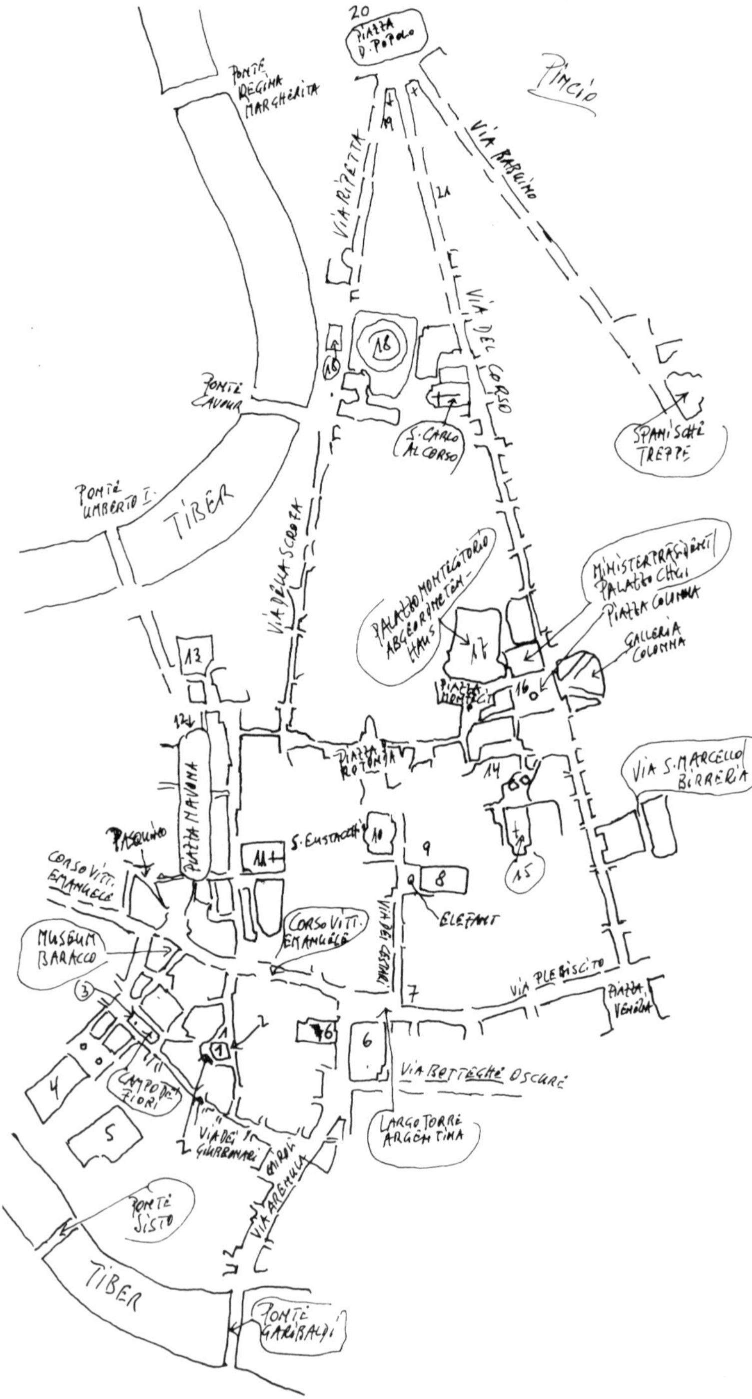
20
PIAZZA D. POPOLO
PINCIO
PONTE REGINA MARGHERITA
VIA RIPETTA
19
VIA BABUINO
21
VIA DEL CORSO
18
PONTE CAVOUR
S. CARLO AL CORSO
SPANISCHE TREPPE
PONTE UMBERTO I.
TIBER
VIA DELLA SCROFA
PALAZZO MONTECITORIO ABGEORDNETEN-HAUS
17
MINISTERPRÄSIDENT PALAZZO CHIGI
PIAZZA COLONNA
GALLERIA COLONNA
13
12
PIAZZA MONTECIT.
16
PIAZZA NAVONA
PIAZZA ROTONDA
14
VIA S. MARCELLO BIRRERIA
PASQUINO
S. EUSTACCHIO
10
11
9
8
15
CORSO VITT. EMANUELE
ELEFANT
MUSEUM BARACCO
CORSO VITT. EMANUELE
VIA DEI CESTARI
7
VIA PLEBISCITO
PIAZZA VENEZIA
3
2
1
6
4
CAMPO DEI FIORI
VIA BOTTEGHE OSCURE
5
VIA DEI GIUBBONARI
CAIROLI
LARGO TORRE ARGENTINA
VIA ARENULA
PONTE SISTO
TIBER
PONTE GARIBALDI

VIERTER SPAZIERGANG

Auf dem Marsfeld

Bildlegende

Largo del Pallaro (1)
Via Grotta Pinta – Via Chiavari (2)
Passetto del Biscione – Campo de' Fiori (3)
Via Baullari – Piazza Farnese (4)
Piazza della Quercia (5)
Via dei Giubbonari – Piazza B. Cairoli – Via Arenula
Largo d. Torre Argentina (6)
Via dei Cestari (7)
Piazza d. Minerva (8) (9)
Via de Minerva – Piazza Rotonda (10)
Via d. Rotonda – Piazza S. Eustachio (11)
Corso di Rinascimento – Piazza Navona
Piazza di S. Apollinare (12) (13)
Piazza S. Lune – Via S. Giovanni d'Arco – Largo Toniolo –
Via del Pozzo – Piazza della Maddalena –
Via del Colonello – Piazza Capranica – Via in Aquiro –
Via di Guglia – Via de' Pastini
Piazza di Pietra (14)
Piazza S. Ignazio (15)
Via del Corso – Piazza Colonna (16)
Piazza Montecitorio (17)
Piazza Augusto (18)
Via Ripetta (19)
Piazza del Popolo (20)
Via del Corso (21)

(1) Cafè Poppea / (2) *Theater des Pompeius* / (3) Giordano Bruno / (4) Palazzo Farnese / (5) Palazzo Spada / (6) Republikanische Tempel, Teatro Argentina / (7) *Saepta* / (8) S. Maria sopra Miner-

va / (9) *Isis-Tempel* / (10) Pantheon / (11) S. Ivo / (12) Tor zum Stadion des Domitian / (13) Palazzo Altemps / (14) Börse, Tempel des Hadrian / (15) S. Ignazio di Loyola / (16) Säule des Marc Aurel, Galleria Colonna / (17) Palazzo Montecitorio, Obelisk / (18) Mausoleum des Augustus, Friedensaltar / (19) Weinhandlung Bucone / (20) Stadttor, Pincio / (21) Goethehaus

Picus, der Waldspecht

Im *Cafè Poppea* liegt ein großer Hund. »Pico!« ruft der Wirt. »Alzati!« Steh auf! Er hebt den Handrücken an die rechte Wange des Hundebesitzers, der neben mir an der Theke steht, und nimmt ein Stück Backe zwischen Zeige- und Mittelfinger. *Ganascino* heißt diese freundlich gemeinte Geste.

»Sag deinem Hund, er soll aufstehn, sonst werfe ich ihn den Löwen zum Fraß vor.«

Ganascino macht man immer in die rechte Wange. Das Kneifen der linken Wange mit Daumen und Zeigefinger heißt *Faccu* und tut genauso weh, ist aber irgendwie unfreundlicher.

Das Café heißt *Poppea*, weil der Wirt Nero heißt. An der Klotür hängt ein Bild von Kaiser Vespasian. Nun müßte auf dem Klodeckel ein Foto von Titus kleben, statt dessen steht eine Marmorsäule in der Ecke neben dem Handwaschbekken und stützt die Decke.

»Wie lange steht die da, die Säule?«

»Weiß nicht. Bestimmt dreihundert Jahre.«

Seit zehn Minuten rede ich mit Nero und dem Hundebesitzer über die heiße Frage: »Welche Bedeutung hat die Antike für den Römer. Den römischen Römer.« – »Du meist den wahren römischen Römer-Römer?«

Der Hundebesitzer ist Schauspieler und arbeitet momentan vor dem Kolosseum als Fotomodell. Dazu trägt er die Tracht der Gladiatoren, wie man sie aus dem Kino kennt. »Ah«, ruft er, »was wäre Rom ohne die Antike? Ein Provinznest, für das sich niemand interessieren würde.« Er holt seine Arbeitskleidung aus der Plastiktüte und legt sie an.

»Mir«, sagt Nero, der Wirt, »haben die Faschisten die Antike verdorben. Ständig Antike, Antike.«

Der Gladiator lupft sein Röckchen und zeigt Hintern.

»Laß das«, sagt Nero, »du vertreibst mir die Gäste.« Er hat ein ziemlich gestyltes Lokal.

Am Fenster tippelt eine rauchende Schickse. »Calma, calma«, sagt Nero, »verrà, verrà.« Dann hält ein Cabrio auf dem *Largo del Pollaro*, und Giovanni Agnelli steigt aus, oder Vittorio Gassmann. Es könnte auch Cäsar sein.

Nero interessiert sich nicht für Nero. Auch an dem etwa drei Quadratmeter großen, rechteckigen Loch im Fußboden, auf dem eine trittfeste Glasplatte liegt, ist er schuldlos.

»Das ist Vorschrift«, sagt er.

Er weiß nicht, warum seine Eltern ihm den Namen Nero gaben, er weiß nicht, warum seine Frau Poppea heißt, er will auch nicht wissen, wer Pico war. »Laß mich in Ruhe mit den alten Geschichten«, sagt er.

Pico, auch Piccho, Picus, war der erste König der Ureinwohner und regierte von 1296 bis 1259 v. Chr. Auf dem einen Hügel wohnten Pelasger, die aus Griechenland vor den Indogermanen geflüchtet waren, auf dem anderen Hügel hausten Indogermanen, aber vielleicht lebten sie auch in den Sümpfen.

Die Gegend bestand damals aus ein paar Höhlen und Hütten, aus Sümpfen und Tümpeln in den Niederungen und Wäldern auf den Bergen, die schroffer und steiler waren als heutzutage und anders hießen.

Mit Pico befinden wir uns in einer römischen Siedlungsepoche, die zivilisiert war, weil es bereits Werkzeuge aus Metall gab. Die Kultur folgt immer der Technologie. Andererseits war sie noch nicht griechisch beeinflußt. Die Trennung von Tier, Gott und Mensch war noch nicht beendet. Ein Tempel war einfach ein heiliger Bezirk, den man absteckte, indem man ein paar Steine auf die Erde legte oder sich vorstellte, an der Stelle wäre was.

Pico war ein Buntspecht, der im Wald lebte. Manche sagen, er sei von Circe, der Tochter der Sonne, in einen Vogel verwandelt worden, weil er sie zurückgewiesen habe. Andere sagen, er sei identisch mit Odysseus und habe mit Circe den Hirtengott Faunus gezeugt, der nach Pico von 1259 bis 1215 v. Chr. als zweiter König der Ureinwohner in Rom regierte und den sagenhaften Evander bei sich aufnahm, der die griechische Kultur einführte.

Pico hatte keinen Kultus, obwohl er begabt war. Er konnte wahrsagen, Blitze schleudern und war der Urvater der Ureinwohner von Alba, die Latiner genannt wurden. So gesehen war er ein Vorfahr von Romulus und Remus, aber er war auch ihr Bruder. Sein Vater war Mars, seine Mutter die Göttin Ops, der ein rätselhafter Kult auf dem Forum gewidmet war, während Mars auf dem Marsfeld verehrt wurde.

Ist der Hund im *Poppea* die Reinkarnation eines Buntspechts?

Pico liegt auf der Glasplatte mitten im Lokal. Ein Tisch und vier Stühle stehen darauf, und ein Teil der Platte ragt in den Gang zwischen Theke und Tisch, da liegt Pico. Im Keller unter Pico brennt Licht, eine schwache Glühbirne, und beleuchtet große Quader aus Tuffstein, einen Gang, etwa drei Meter tief. *Cappellaccio* nennt der Archäologe diese Art von Mauerwerk. Der graubraune, sandige Stein schimmert an den Kanten grünlich. Algen oder Moos haben sich breitgemacht.

Ein paar Dinge, die ich selber erlebt habe

Draußen ist ein fast schon hochsommerlicher Apriltag, genau richtig für einen Spaziergang. Im Sommer ist es zu heiß, und im Winter sind die Tage zu kurz, obwohl es da auch sehr schön sein kann. Wie der alte Schlager sagt: »Roma, quanto sei bella quando piove!« Rom, was bist du so schön, wenn es regnet.

Die *Via Biscione* und die parallele *Via Grotta Pinta* bilden einen Halbkreis, und die *Via Chiavari*, auf der das Hufeisen steht, ist schnurgerade. Zwischen den beiden krummen Straßen befindet sich ein düsterer Durchgang, der *Passetto del Biscione*.

Man weiß natürlich: Die Form der Gassen entspricht dem Rund der Ränge eines antiken Theaters, der sogenannten *cavea*. Die Wohnhäuser entlang der einen Gasse stehen auf den Rängen, und im Dachgeschoß eines Hauses, in dem sich unten die Gaststätte *Grotta di Pompeio* befindet, könnte ein Tempelchen versteckt sein.

Der *Passetto* war ein Korridor des Theaters, die *Via Chiavari* liegt auf dem Orchestergraben, und unter den Häusern dahinter bis zur *Via del Monte della Farina* (der Straße des Mehlbergs) dürfen wir die Bühne vermuten.

Das Theater, auf dessen bescheidenen Resten wir spazieren, war das älteste und größte der drei römischen Theater. Laut Plinius bot es Platz für 40 000 Besucher. Theater galten in Rom als unnütz und schädlich für die öffentlichen Sitten. Als Pompeius den ersten ständigen Theaterbau stiftete und aus Geldern finanzierte, die er im Osten erbeutet hatte, mußte er deshalb zu einem Trick greifen. Er ließ auf der *cavea* einen Tempel bauen, so daß die Sitzreihen als Freitreppe deklariert werden konnten. Entsprechend wurde im Sommer 55 v. Chr. nicht das Theater, sondern ein Heiligtum der Venus Victrix eingeweiht. Ein winziger Tempel, der auf den obersten Sitzreihen eines riesigen Theaters hockte.

Mit Stadtführer, Stadtplänen und Fotoapparat, Regenjacken in Plastiktüten für alle Fälle, festem Schuhwerk, schlendern wir über den *Campo de' Fiori*. Die Gattin unseres Hoteliers kauft Schwertfisch und Muscheln, die ihre Tentakeln unter der Schale heraustänzeln lassen. Sie kocht in der *Hostaria Romanesca*, 25 Plätze, klein und gemütlich, römische Küche, maßvolle Preise, wo wir gestern abend eine Kleinigkeit gegessen haben. Artischocke auf jüdische Art. Das Lokal wirbt mit dem Wahrspruch:

»Si voi magna la roba che te piace, daje armeno er tempo che se coce.«

Das ist römisch und heißt etwa: »Wenn du das Zeug essen willst, das du magst, gib uns wenigstens die Zeit, bis es kocht.«

In der Mitte steht das Denkmal für den Scheiterhaufen des Giordano Bruno. Drumherum ist jeden Vormittag Markt, vor allem Obst und Gemüse, aber auch Fisch. In den Häusern, die den Platz begrenzen, Gaststätten, Cafés, ein Kino, Alimentari, Secondhand, Zeitungen, Outdrops auf den Stufen des verkohlten Philosophen, ein paar Wanderer wie wir.

Das hier war mal das Rom der Armen. Ein Teil der Gebäude ist in letzter Zeit frisch gestrichen worden, aber der *Campo* hat nicht viel von seiner romanesken Lässigkeit eingebüßt und ist unverändert schlampig.

Ich liebte auch die Gassen, Plätze und Gebäude drumherum. Auf der *Via Baullari*, gegenüber dem Palast der Cancelleria, vatikanisches Staatsgebiet, soll ein Haus stehen, daß seit mehr als zweitausend Jahren bewohnt ist, ohne aufzufallen.

Oder der *Palazzo Farnese* zum Beispiel, Renaissance, Sangallo, Michelangelo, Della Porta. Davor zwei riesige Badewannen aus den *Caracalla-Thermen.*

Auf dem Marsfeld standen die Häuser der Plebs und die

Paläste seit der Gotik eng beieinander, und jeder hatte eine Ruine im Keller. Als ich vor dreißig Jahren hier zu Hause war, hockte in fast jedem Loch an der Straße ein Handwerker. Die Fassade hoch vor den Fenstern hingen die Bettlaken. An einer langen Leine wurde der Einkaufskorb runtergelassen, dann gellte es durch die enge Schlucht:

»Agatha! Ein halbes Kilo Nudeln und eine Dose geschälte Tomaten!«

Die Frau aus dem Alimentari nahm die Münzen, tat rein, was bestellt wurde, und die Stimme sang, während der Korb hochgezogen wurde:

»Roma, non fa la stupida stasera!«

Rom, sei nicht blöd heute abend!

Im April '99 sind Boutiquen in die kleinen Werkstätten eingezogen, lümmeln sich Antiquare, Juweliere und Kunsthändler auf Designersofas, und in den Wohnungen darüber haben Innenarchitekten die Balken und flachen rötlichen Ziegelsteine freigelegt für kreative Berufe. Auch ein Balkon hat plötzlich zwei Bögen *in reticolato*.

Die römische Plebs war arbeitsam, allen Kupferstichen zum Trotz, auf denen sie immer nur *Briscola* spielt. Ihre Nachfolger haben Geld und lieben das Unverputzte.

Trotzdem: In Stadtvierteln wie diesem werde ich sentimental, und je öfter ich hinkomme, desto weniger sehe ich das Neue, und desto mehr scheint das längst Vergangene durch.

Jeder Gegenstand löst eine Erinnerung aus. Der berühmten Galerie Borrominis im Hof des *Palazzo Spada*, der nicht weit vom *Palazzo Farnese* liegt, verdanke ich mein erstes Jahr in Rom, weil ich die Chuzpe hatte, sie in einem Roman zu verarbeiten, ohne je dort gewesen zu sein.

In der *Via dei Giubbonari* ist ein Gedränge wie früher, und noch immer reiht sich Geschäft an Geschäft, viel Kleidung, Wäsche, Schuhe, Parfümerien, billiges Zeug. Die Einkaufsstraßen der begüterten Römer liegen woanders. In der Antike am *Largo Arenula*, heute am Fuß der Spanischen Treppe zum Beispiel.

In einem dieser kleinen Läden in der *Via dei Giubbonari* kaufte ich den engen, sandbraunen Anzug, den ich anzog, um in der Jerusalemer Grabeskirche die Stelle zu suchen, wo Helena das Kreuz entdeckte. Es gibt eine seltsame Sucht, alles einmal gesehen zu haben, jeden Ort, der eine Legende hat, obwohl ich weiß, es ist unnötig.

Ich entsinne mich an den Schock, als ich zum ersten Mal durch die Straßen ging, 1957. Ich bildete mir ein, das meiste schon einmal gesehen zu haben. Vielleicht war unser Lateinlehrer Schuld, der ein Geschichtenerzähler war, vielleicht hatte mein Freund Hermann Kesten recht, als er sagte: »Einmal Römer, immer Römer.«

Wo Cäsar starb und andere Unsichtbarkeiten

Dann stehen wir an der Endstation der Straßenbahn Linie 8 und betrachten die Stelle, wo Cäsar mit einem einzigen Dolchstoß getötet wurde. Er wurde 23 mal getroffen, doch erst der letzte Stich verletzte ihn tödlich. Hinter uns erstreckt sich, umbraust vom ganztägigen Verkehrsstau, das einstige Zentrum des Marsfelds.

Wo bis Ende der 20er Jahre mittelalterliche Wohnhäuser standen, ist ein riesiges quadratisches Loch von etwa drei Metern Tiefe. Was Mussolini suchte, der viel abreißen ließ, wissen wir nicht. Man findet immer was, wenn man buddelt in Rom.

»Dort drüben wurde Cäsar ermordet«, sage ich und deute auf die linke Ecke des Theaters *Argentina*. An der Fassade hängt ein großes Transparent, auf dem ein römischer Legionär abgebildet ist. Neben dem Theater sind zwei Bars.

»Ich will ein *Cornetto*«, sagt die eine Tochter. »Gehn wir nachher zu den Katzen?« fragt die andere.

Es gibt viele Gründe, um zu verreisen. Man kann ins Grüne fahren, um sich im Ausflugslokal zu betrinken, oder nach Rom, weil es nur dort in jeder Bar Croissants mit Marmeladenfüllung gibt und viele Katzen.

Die Katzen sind die eigentlichen Erben der Antike. Keine archäologische Zone, kein Loch mit Säulenstumpf oder Fundament für eine Kolossalstatue, wo nicht ein paar Katzen lebten.

Vor dreißig Jahren blickte ich oft über die *Via Salaria* hinweg auf ein paar hohe Bäume und viel Buschwerk, davor ein Eisenzaun. Nach links rüber sah ich in den Park der Villa, wo Winkelmann seinen Freund Alexander Albani beim Aufbau einer Antikensammlung beriet, die Napoleon ein paar Jahre später ausplünderte.

Jeden Mittag um zwölf öffnete ein ärmliches Weiblein mit vielen Plastiktüten die kleine Tür im Zaun, stieg ein paar wacklige Stufen hinab und fütterte die Katzen mit den Essensresten, die sie in den umliegenden Gaststätten erbettelte.

Erst Jahrzehnte später las ich, daß ich zwei Jahre lang ein grandioses Monument übersehen hatte. Das Mausoleum des Lucilio Peto, las ich, sei ein herausragendes Beispiel für die Renaissance der etruskischen Grabbaukunst in augusteischer Zeit.

Die Katzen am *Largo Argentina* im Loch der Tempel, die zu den wenigen Sachen aus der Republikzeit gehören, die noch zu sehen sind, werden von freundlichen Damen betreut, die in sieben Sprachen um Spenden für ihre Schützlinge bitten. Wir besuchen die Katzen, wir besichtigen die Cornetti mit Marmelade, wir stellen uns vor, wie es früher aussah.

Der Portikus, der sich an das Theater des Pompeius anschloß, reichte bis zum *Largo Argentina*, wo noch immer ein Theater steht. Er war ein beliebter Treffpunkt. An heißen Tagen war der Ort überfüllt, wegen des Schattens, und wenn es regnete, fanden die Theaterbesucher Schutz. Vor allem ihretwegen war er so riesig.

Ein Portikus ist ein überdachter Säulengang, zumeist eine rechteckige Anlage. Rom war voller Portiken, nicht nur das Marsfeld.

An der Seite der republikanischen Tempel waren, nur vom Hof her zugänglich, dem Portikus einige Säle angeschlossen. Einer davon war die Kurie des Pompeius, wo Cäsar starb.

Man muß Phantasie mitbringen, wenn man auf Rom spaziert, wie Kinder, die sich aus ein paar Steinchen, Stöckchen und Blättchen eine Welt erschaffen. Kaum etwas ist sichtbar geblieben im Karree zwischen *Campo de' Fiori*, *Piazza Navona*, *Piazza Colonna* und *Piazza Venezia*. Hier lagen gigantische Bauten, reihten sich öffentliche Einrichtungen aneinander, wie das *Balbus Theater*, auf dem jetzt die *Via delle Botteghe Oscure* steht, die Straße der dunklen Läden, mit dem Parteigebäude der ehemaligen Kommunisten.

Auf der Seite der *Via del Plebiscito* stießen an die republikanischen Tempel die *Saepta*, die Schranken (von *Saeptum* = Stall, Gehege). Hier tagten, weit genug vor den zwei Stadttoren am Kapitol, die beiden Volksversammlungen der 193 Hundertschaften (*centurien*) und 35 Bezirke (*tribus*), um die Beamten zu wählen. So umständlich war das Procedere, daß, laut Plinius, 900 Wahlhelfer benötigt wurden.

Bis zum Ende der Republik waren die *Saepta* aus Holz und beweglich. Im Jahr 55 v. Chr. ließ Cicero im Auftrage Cäsars die Schranken in Marmor aufführen, mit einem Portikus umgeben, für die Wahlhelfer ein eigenes Gebäude errichten (das *diribitorium*) und die Anlage überdachen. Es war die größte, nur auf den Seitenwänden ruhende Überdachung, meint Cassius Dio. Bezahlt wurde mit den in Gallien erpreßten Abgaben.

Aber schon siebzig Jahre später wurde der Bau überflüssig, weil Augustus' Nachfolger Tiberius die Wahl der Magistrate auf den Senat übertrug und die Volksversammlungen entmündigte. Es wurde zu teuer, den Bürgern die Stimme abzukaufen.

Tiberius (14–37 n. Chr.) war kein Despot und Alleinherrscher, wie sein Stiefvater, sondern ein altrömischer Aristokrat und sparsamer Hausvater, fleißig, schwermütig, verschlossen. Er war ein ausgezeichneter Feldherr, achtete den Senat, verachtete die Plebejer, verzog sich schon bald nach Capri, und als er starb, rief das Volk: »In den Tiber mit ihm.« Er hatte es einer Einnahme beraubt.

In den Portici der *Saepta* wurden teure Geschäfte eingerichtet. Martial berichtet, was man alles kaufen konnte, hier, wo das goldene Rom seinen Luxus strapazierte. Zarte Lustknaben, Luxussklaven, die im Schaufenster ausgestellt waren, und solche für eine spezielle Kundschaft, Pokale aus geflecktem Feldspat, geölte Elfenbeinware, Gefäße aus Bergkristall, kostbar gefaßte Edelsteine, ein schildpattbelegtes Speisesofa für sechs Personen, Statuen.

Hier einzukaufen war ein Muß, auch wenn man kein Geld mehr hatte, wie jener Römer, der tonangebend war, was Kleidung und Lifestyle betraf. Juvenal hat ihn porträtiert. Er hieß Cordus, ließ sich in einer funkelnagelneuen Sänfte mit Vorhängen aus Leinen und einer komfortablen Riemenfederung durch die *Saepta* tragen und wurde begleitet von Klienten und langhaarigen Luxussklaven.

Agrippa, Minerva und ein kleiner Elefant

Die Republik hatte abgewirtschaftet, als neben den vielen kleinen, privaten Badeanstalten – unterschiedlicher Qualität – auch die großen Staatsbäder gebaut wurden, deren Bewirtschaftung man privaten Pächtern übertrug: zuerst die Thermen des Agrippa, 19 v. Chr., dann die neronischen, ebenfalls auf dem Marsfeld, und gegen 80 n. Chr. die Thermen des Titus auf dem *Colle Oppio* neben dem Kolosseum.

Vipsanius Agrippa war der zweite Mann im Staat, ein Schwiegersohn des Kaisers und eifriger Bauherr. Seine Thermen lagen westlich der *Saepta* und sind fast ganz verschwunden. Nur ein Rest ist neben dem Pantheon zu besichtigen, aber manche meinen, es seien Reste eines Neptun-Tempels, was andere mit dem Gegenargument bestätigen, in der Badeanstalt habe sich auch ein Wassergottempel befunden.

Die *Agrippa-Thermen* reichten vom Pantheon bis fast zum *Corso Vittorio Emanuele*. Sie besaßen eine eigene Wasserleitung, die *Acqua virgo*, und ein Rückhaltebecken, das durch einen Kanal entwässert wurde, der zu beiden Seiten gepflastert war, so daß der Plebejer wenigstens mal schnuppern konnte am Duft seiner reichen und mächtigen Mitbürger.

So groß war das Becken, daß bei dem berüchtigten Gastmahl Neros im Jahre 64 n. Chr. alle Gäste darin Platz hatten. Sie lagen auf einem Floß, das von Ruderbooten über den Teich gezogen wurde.

Das Baden hatte feste Regeln: Man trieb zunächst etwas Sport, um sich aufzuwärmen, und durchlief dann drei Stationen – eine heiße (*calidarium*), eine kalte (*frigidarium*) und eine lauwarme (*tepidarium*). Daneben waren die Thermen natürlich ein beliebter Treffpunkt.

Auf der anderen Seite der *Saepta* stand der Tempel der Minerva, der im Namen der Kirche *Santa Maria sopra*

Minerva fortlebt, die ihren Ruhm einem kleinen Elefanten verdankt, den die Römer die *Laus der Minerva* nennen.

Ungläubig wendet er den Kopf zur anderen Straßenseite, wo sich ein Geschäft für geistliche Unter- und Oberbekleidung befindet, und seine Augen blicken sanft und müde, wie Bernini auf einem seiner Selbstporträts in der Villa Borghese. Auf seinem Rücken trägt er einen ägyptischen Obelisken aus dem 6. Jahrhundert v. Chr.

Wenn es stimmt, daß Rom seine barocke Ausstattung erhielt, um Touristen anzulocken, so ist Berninis kleiner Elefant noch immer ein erfolgreicher Markenartikel.

Wie verführe ich eine Matrone?

Vom Tempel der Isis, der an den *Minerva-Tempel* grenzte, ist nichts erhalten, außer ein paar verstreuten Resten, wie Madame Lucrezia und einigen Statuen der Göttin. Ihr Tempel ist auf einer Münze aus der Zeit Vespasians abgebildet. Ihre Statuen zeigen sie als junge, schöne Frau. Ein Schal, zum Isisknoten geschnürt, betont ihren Busen. In den Händen hält sie die Isisklapper und einen Eimer, um das Nilwasser zu schöpfen.

Wer sie war, wissen wir aus der griechischen Mythologie. Sie war eine Königstochter aus Griechenland namens Io. Zeus verwandelte sie in eine Kuh, um seine eifersüchtige Gattin zu täuschen, doch Hera schöpfte Verdacht und ließ die Kuh von einer Bremse verfolgen. Io flüchtete bis nach Ägypten, wo sie Osiris heiratete.

Nach Rom kam sie unter Sulla. Der römische Adel lehnte sie ab, vielleicht wegen ihrer Affäre mit Zeus, vom Volk wurde sie jedoch verehrt und von den flavischen Kaisern sogar gefördert.

Der Isis-Kult ist mysteriös und enthält emotionale Elemente, wie Trauer und Leid, Sehnsucht und Fürsorge, Trennung, Tod und Wiederauferstehung. Ihre Anhängerinnen hörten Stimmen und peinigten sich selber mit Bußübungen.

Verheiratete Frauen waren ihre bevorzugten Opfer, lustlose Matronen wie Faustina ihre Prophetinnen. Männer, die ihre Frauen suchten, trieben sich beim Tempel herum. Liebhaber litten unter dem Kult, da er seinen Anhängerinnen eine zehntägige sexuelle Enthaltsamkeit vorschrieb.

Eine Meßlatte wie gemacht für eine Männergesellschaft von Kommißköppen, die ihren Frauen verbot, Sport zu treiben, sie im Theater zu den Sklaven setzte und von sämtlichen Ämtern ausschloß. Der Dichter Properz klagte: »Ach, wenn doch die heiligen Riten verschwänden, die Isis den Frauen Italiens geschickt hat.«

Nur einmal, unter dem sittenstrengen Tiberius, wurde das Heiligtum abgerissen, aber bald wieder aufgebaut. Die Geschichte könnte von Boccaccio sein, aber sie steht bei Josephus Flavus, dem Historiker des jüdischen Krieges.

Ein Ritter begehrte eine Anhängerin der Isis namens Paulina. Also bestach er den Oberpriester, einen weißgekleideten Glatzkopf. Der eröffnete der sittenstrengen Paulina, der hundsköpfige Anubis habe sich in sie verliebt und lade sie ein, mit ihm zu dinieren. Anubis gehörte zur Entourage der Göttin und war leicht zu imitieren.

Gesagt, getan. Der Priester klapperte, wie es zu seinem Handwerk gehörte, Anubis erschien, beehrte die Dame, und so ging das eine Weile. Irgendwann aber gab der Ritter sich zu erkennen, entsetzt flüchtete Paulina, beichtete alles dem Gatten, der machte Meldung, und das Unheil nahm seinen Lauf.

Der Priester wurde bestraft, die Gattin auch, der Tempel abgebrannt, und was aus dem Ritter wurde, habe ich verdrängt.

Das Pantheon

Über das Pantheon sprachen wir schon. Das Pantheon sieht aus wie ein niedriger Mustopf mit einem Deckel, der ein Loch hat für den Marmeladenlöffel. Es ist der besterhaltene Monumentalbau der Antike, erbaut von Marcus Vipsanius Agrippa (* 63 v. Chr.) im dritten Jahr seines Konsulats, und eine der Hauptattraktionen von Rom. Tauben huschen durch den Tempel, klatschen mit den Flügeln und entschweben durch das Loch in der Decke.

Das Pantheon ist leer und kahl wie ein ausgeschlagenes Ei, ohne Raumteiler, Zwischendecken und derlei Gemütlichkeiten, nur ein paar Sarkophage an den Seiten, die in der Ödnis der Erhabenheit des Bauwerks fast verschwinden.

Einmal stand es voll junger Menschen in weißen Hemden und Blusen. Einer nach dem anderen traten sie ans Mikrofon, bekannten ihren Glauben in sämtlichen sächsischen Dialekten, und die gewaltige Kuppel ließ ihre Worte wie Taubenkot auf mich niederprasseln.

Ich gebe zu, ich habe die These vertreten, das Haus sei kein Tempel gewesen, der den sieben planetarischen Gottheiten geweiht war, sondern das Vestibül der *Agrippa-Thermen,* die Lobby der Badeanstalt, wo man sich traf, wo die Schließfächer standen, der Getränkeautomat, die Theke vom Bäcker Lang, der Billetschalter, die Eingangsschleuse und – Ende des 20. Jahrhundert – sogar ein Geldautomat.

Dennoch ist es sehenswert, denn es zeigt: Das antike Rom muß unerträglich gewesen sein. Schon die griechische Vorhalle (*pronaon*) ist umwerfend. Die sechzehn monolithischen Säulen aus rotem und grauem Granit mit korinthischen Kapitellen, sind fünf Meter dick und dreizehn Meter hoch (geschätzt). Die Wände der anschließenden Rotunde sind sechs Meter dick, der Innenbau ist über vierzig Meter hoch, das Dach eine Halbkugel mit einem kreisrunden Loch in der Mitte, und der Fußboden senkt sich zur

Mitte hin, damit das Regenwasser ablaufen kann. Einmal lag auch Schnee.

Warum das Pantheon weder abgerissen wurde noch einem Erdbeben zum Opfer fiel, ist ein Rätsel. Nur ein paar Kleinigkeiten erfuhren die üblichen Metamorphosen. Papst Urban VIII. aus dem Hause Barberini ließ die großen Bronzetafeln des *Pronaon* einschmelzen und zu Kanonen für die Engelsburg verarbeiten.

Anderntags hing am *Pasquino* ein Zettel mit der bekannten Aufschrift:

»Quod non fecerunt barbari, fecerunt Barberini.«

»Was die Barbaren nicht zerstört haben, zerstören die Barberini.«

Inzwischen ist die Bronze wieder da. Auch die Kanonen wurden eingeschmolzen, und aus dem Erz machte man Särge für den Maler Raffael und ein paar Könige. So kehrt manches an seinen Platz zurück, und irgendwie ist es auch realistischer: Kanonen zu Särgen.

Rasch aufs Klo

»Wohin gehen wir jetzt?« fragt die eine Tochter. »Heim«, sagt die andere.

Man könnte noch manches angucken. Die Kirche *S. Ivo* zum Beispiel im Hof der alten Universität. Ein elegantes Werkchen von Borromini mit einer vielgepriesenen Kuppel, auf der ein weißes Laternchen thront. Eine manieristische Spirale, die das Stadtviertel überragt.

»Nur noch rasch aufs Klo«, sage ich.

Auch über die *Piazza Navona* will ich keine großen Worte verlieren. Ich habe auf dem Platz einige hundert Stunden verbracht, Tag und Nacht, Schnaps getrunken, Weihnachtsengel gekauft, Schwiegermütter betüttelt, Silvester gefeiert, Zeitung gelesen, Besuchern Berninis Vierflüßbrunnen erläutert, den Popen nachgestarrt, mir die Steinigung der heiligen Agathe vorgestellt, eine riesige Aubergine rumgetragen, die fliegenden Händler, Gaukler, Jongleure, Porträtisten und Taschendiebe bewundert und immer wieder das Tartuffo (eine Art Schokoladeneis) in der Bar *Tre Scalini* genossen.

Architektonisch übertreibt unser Reiseführer, wenn er von einem der harmonischsten urbanistischen Komplexe des barocken Rom spricht. Der Platz ist zu schmal oder zu lang (65 x 250 m) und verdankt sich keiner Idee. Er war ein Stadion, Spezialität Wagenrennen, erbaut im ersten Jahrhundert n. Chr. unter einem autokratischen Kaiser, der so unbeliebt war, daß er von seinem Nachfolger Nerva mit der *damnatio memoriae* bestraft wurde. Später diente die Fläche Volksfesten, pompösen Aufzügen und im Hochsommer auch Wasserspielen. Die Öde einer Rennstrecke ist noch immer zu spüren, was auch an den abweisenden Fassaden liegen mag.

Heute ziehen Herden durch die Arena. Ein kurzbeiniger, fettlaibiger Landfrauenverein aus Franken und das Fähnlein Fieselschweif aus Edinburgh, vorweg ein Stöckchen, an dem ein Bändchen flattert, prallen aufeinander in einer der engen Gassen, die nach draußen führen. Das Prinzip ist das gleiche wie vor 2000 Jahren. Brot und Spiele, und einer darf abkassieren.

Im *Cafè Domitiano* eine lange Schlange. Wollen vielleicht alle die Reste des Stadions im Keller besichtigen? Auf diesem Platz ist ein Klo eine Goldgrube, das wußte schon Tiberius.

»Stinkt das?« fragte er seinen Sohn und ließ ihn schnuppern an einer Münze aus dem Verkauf der Fäkalien, die in den öffentlichen Bedürfnisanstalten anfielen.

Die Klofrau schaut so sanft und müde wie Bernini. »Cinquecento«, sagt sie tonlos und ohne Bewegung. Nur wenn die Münze im Geldspeicher an der Klotür scheppert, zuckt sie zusammen.

Wir holen Geld aus dem Bankomat, wir erklären einem polnischen Ehepaar, warum der Apparat ihnen nichts abgibt, wir schauen die großen Stofftiere im Schaufenster an.

An der *Piazza di S. Apollinare* gleich um die Ecke steht eine kleine Gruppe, schlank und rank und sichtlich was Besseres, vor einer niedrigen Öffnung in einer Hauswand. Die Gatten in schwarzen Anzügen, korrekt bis in die Zutaten, die Gattinnen in dunklen Kostümen mit großen Strohhüten. Eine üppige Frau mit stark ungarischem Akzent erklärt, was man sieht.

Wir sehen hier das einzige erhaltene Eingangstor zum Stadion des Domitian. Beachten Sie bitte, wie tief die Fundamente liegen. Dort unten lebten die Römer im zweiten Jahrhundert nach Christus.

Auf der anderen Seite des Geländers steht noch eine Gruppe, nicht so schön, nicht so gut gekleidet. Was ihre Führerin sagt, wird das gleiche sein.

Eine Weile versuchen die beiden Damen, sich zu übertönen, dann hebt die eine ihren zierlichen Sonnenschirm mit dem Reichsbanner schwarz-rot-gold, die andere hißt die ukrainischen Nationalfarben. Wir aber waten durch den Verkehr, der vom Tiber hereinschwappt, wolang, wohin, zum Mittagessen ist es noch zu früh, also nur ein Glas Mineralwasser in der Bar nebendran.

Das Museum im Palazzo Altemps

Wann immer in Rom gebaut wurde, kriegten die Archäologen Arbeit und die Sammler Arbeiten. Im Barock, im späten 19. Jahrhundert, zur Zeit des Faschismus.

Gesammelt wurden nur Meisterwerke, der Rest verschwand im Keller. Nicht ganze Bestände einer Villa, eines Parks oder einer Badeanstalt wurden gehütet, nicht der Kontext dokumentiert, und oft wurden mindere Fundstükke nicht einmal beschriftet. So ist es heute nicht immer möglich, das Material richtig einzuordnen und die Ausstattung der Fundorte zu rekonstruieren

Im *Palazzo Altemps*, wo seit kurzem einige berühmte Sammlungen untergebracht sind, auch große Teile der Fundsachen, die früher in den *Diokletians-Thermen* zu sehen waren, sieht man kaum Besucher, und irgendwie fühlt man sich in den fürstlichen Sälen zwischen all den Göttinnen, Kaisern, Helden und Sagengestalten wie in *Marienbad* von Alain Resnais. Die Zeit steht still, doch ein einfacher kinematographischer Trick könnte die Figuren in Bewegung versetzen.

Der Galater zieht sich das Schwert aus der Brust, die Tote an seiner Seite hört auf zu fallen und erhebt sich, der Kopf der Erinnye, der auf einer gesprenkelten Marmorplatte liegt, schlägt die Augen auf, die Karyatiden senken vor Schreck die Arme, und die Kamineinfassung kracht runter.

Auch Größenverhältnisse sind manchmal witzig. Pluto riesig, Jupiter klein dagegen, und ein Herkules ist fast zwergenwüchsig.

Es gibt Leute, die mögen keine Museen. Sie halten sie für langweilig. Das ist ein Irrtum. Richtige Kunstwerke haben ihre eigene Bildsprache, die man dechiffrieren muß, bevor sie zu lachen beginnen.

Im Saal Nummer elf stehen wir vor einem Sarkophag. »Was ist das?« fragt die eine Tochter. »Da kämpfen welche«, sagt die andere. »Ich weiß nicht«, sage ich. »Ich muß mich erst reingucken.«

Der riesige Sarg könnte einem General oder Außenminister als Ruhestätte gedient haben. Stämmige nackte Männer kämpfen sich durch die Welt. Wir blicken in schreckverzerrte Augen und aufgerissene Münder. Ein undurchschaubares Gewirr von Armen und Beinen. Hier hat ein Kerl seinen Fuß auf den Nacken einer liegenden Nackten gestellt, dort dreht er einer den Hals rum. Schlangen umgeben ihr Haupt. Das da, was er soeben ums Leben bringt, könnte ein Wildschwein sein, das da ein Hirsch, und was macht er denn da?

Der Vater erzählt, was er sieht, und langsam sehen wir klarer. Der Sarg zeigt ohne Zweifel die Aufgaben des Herkules, aneinandergereiht, wie die Wunder des heiligen Franz von Giotto, und endlich weiß ich auch, warum Herkules in Rom so verehrt wurde. Er war der erste Grieche, der für Ordnung sorgte.

Das Dutzendwerk im *Museum Altemps* zeigt: Herkules kämpfte ausschließlich gegen Frauen und Tiere und das, was sie hinterlassen, zum Beispiel Mist. Er war der große Glatt- und Plattmacher der Natur, ein Supermann im Kampf gegen die Wildheit in jeder Gestalt und damit ein Heros der Zivilisation. Gegen Männer scheint er nie gekämpft zu haben.

Vor und nach dem Mittagessen

Draußen nun pralle Mittagssonne, und durch die Gassen läuft der Lärm der runterrasselnden Schaufenstergitter. Ich kenne da ein ulkiges Bierlokal, so groß wie eine Bahnhofshalle, in der *Via S. Marcello*.

An der *Piazza di Pietra* (dem Platz der Steine), an dem wir vorbeikommen, baute Carlo Fontana ein Zollhaus, in dem sich heute die Börse befindet. Elf Säulen schälen sich halbrund aus dem Bauwerk und sorgen für eine standesgemäße Fassade. Im Schacht davor sieht man das Fundament des *Hadrian-Tempels*, auf dessen Sockel der Geldmarkt errichtet wurde. Wer wissen will, warum europäischen Börsen im 19. Jahrhundert große Säulengänge vorgelagert waren – hier steht das Vorbild.

Durch *S. Ignazio*, nun schon halb im Tempel der Biere, gehen wir einmal hindurch, verrenken uns die Hälse und freuen uns, weil das Loch in der nicht existierenden Kuppel Richtung Eingang rutscht, während wir zum Altar gehen, dem wir den Hintern zeigen, um das Loch zu beobachten.

Der Platz vor der Kirche ist einer der schönsten und unbekanntesten der Stadt. Im frühen 18. Jahrhundert verwandelte ihn ein Theaterliebhaber in eine Rokoko-Bühne, indem er ein paar seltsam geformte, elegante Wohnhäuser errichtete. Erst beim Herumlaufen merkt man, daß sie die Gestalt von Kulissen haben.

In der Birreria ist es angenehm untouristisch. Es gibt Peroni vom Faß, und die Sachbearbeiter der Ämter und Büros essen zu Mittag. Zwei der sechs Kellner hatten seit dreiunddreißig Jahren nicht die Stellung gewechselt, als wir hinkamen, und erkannten mich trotzdem wieder. Deshalb erwähne ich sie hier.

Das Lokal liegt neben der *Via del Corso*, die im ersten Teil *Via Lata* hieß und ab *Piazza Colonna Via Flaminia*. Die *Via Lata* begann an der servianischen Mauer zwischen der Arx und dem Quirinal. Die *Via del Corso* heißt so, weil hier bis in die 60er Jahre der tägliche Corso stattfand. Jeden Nachmittag um die gleiche Zeit trat man aus dem Haus, hängte sich ein und ging immer hin und her. Wie auf Verabredung hängten sich alle wieder aus, kehrten nach Hause zurück und aßen zu Abend.

Kurz vor der *Piazza Colonna* überquerte, ich weiß nicht wie lange, vielleicht bis in die frühe Neuzeit, die *Acqua Virgo* den Corso. Als Unterbau der Wasserleitung diente ein Trimphbogen für Kaiser Claudius. Bis hierher durfte im alten Rom gefahren und geritten werden. Stadteinwärts waren nur noch Transporte für Banken und Behörden gestattet. Reiten mit Genehmigung des Senats.

Rom war Fußgängerzone.

Die *Piazza Colonna* verdankt ihren Namen der Triumphsäule des Marc Aurel. Die Basreliefs, die sich um die Säule ringeln, erzählen eine Geschichte, in der die Kriegstaten des Kaisers verherrlicht werden, der ein Philosoph war. Interessant sind solche Darstellungen vor allem als Kataloge der Waffen, Pferde, Wagen und Bekleidungsvorschriften der diversen Völker, auch wenn das ideologische Schema etwas öde ist: Nie verlieren die Römer.

Leider sieht man von den Siegen nicht viel, da die Säule erst im zweiten Stock anfängt und über 40 Meter hoch ist. Aber Marc Aurels Säule steht heute im politischen Machtzentrum Italiens. Der *Palazzo Chigi* beherbergt den italienischen Ministerpräsidenten. Einst lebte hier ein berühmter Bankier, der Kardinäle und Päpste beriet.

Im Palast an der benachbarten *Piazza di Montecitorio* trifft sich das italienische Abgeordnetenhaus, keine zehn Minuten vom Tagungsort der Volksversammlungen zu Cäsars Zeiten. Es gibt wenige Orte, wo sich solche banalen Kontinuitäten konstruieren lassen.

Auf der anderen Seite des Corso ein protziger Bau aus dem späten 19. Jahrhundert mit der *Galleria Colonna*. Hier flanierten in meiner Jugend Politiker und Geschäftsleute, verbreiteten die gutunterrichteten Kreise ihre Fehlinformationen, wurden Karrieren beschlossen und Regierungen gestürzt, und vor dem Café unter dem Gewölbe aus Glas spielte ein Salonorchester.

Wir ausländischen Journalisten saßen schräg gegenüber im Verein der Auslandspresse, und zuweilen ging einer in die Galerie und versuchte, seinen Informanten anzuzapfen.

Wie spät ist es?

Dann stehen wir auf dem Damm, der das Marsfeld vom Tiber trennt und gegen Überschwemmungen schützt. Neben uns der Friedensaltar des Kaiser Augustus in einem scheußlichen Pavillon. Vor uns sein monumentales Grabmal: Fünfzig Meter hoch, neunzig im Durchmesser.

Im ausgehenden Mittelalter diente es, wie die meisten antiken Stätten, zunächst als Steinbruch. Seine spätere Nutzung wird widersprüchlich beschrieben. Von einem Weinberg ist die Rede, von einem Gemüsegarten, auch Wörter wie Amphitheater, Schauspielhaus und Konzertsaal werden gebraucht. War es vielleicht überbaut? Fest steht, daß es erst in den 30er Jahren freigelegt wurde, als Mussolini das Stadtviertel abreißen ließ.

Heute steht es auf einem großen Platz, drumherum das Geviert der faschistischen Säulenhallen. Die Kuppel von *S. Carlo al Corso* scheint direkt aus dem Grabmal zu wachsen, aber das ist normal. Vieles in Rom sieht aus wie eine Fotomontage.

Auch ein Inhaltsverzeichnis der Grabkammern ist überliefert. Es liest sich wie ein Who is who der julisch-claudischen Dynastie. Außer Augustus lagen hier seine Frau Livia, seine Enkel Lucius und Gaius, seine Schwester Oktavia, sein Neffe Marcellus, der mit seiner Tochter Julia verheiratet war, sein Freund Agrippa, der in zweiter Ehe mit seiner Tochter Julia verheiratet war, sein Stiefsohn Tiberius, mit dem Julia in dritter Ehe verheiratet war, dessen Bruder Drusus, die Feldherrn und Kaiser Germanicus, Claudius, Britannicus und Nerva, Agrippina, die Mutter Neros, und, sehr viel später, die Frau des Septimus Severius, die angeblich auch noch zur Sippschaft gehörte.

»Papa, wie spät ist es?« fragt die eine Tochter. »Noch früh«, sagt die andere und schaut in die Sonne.

Wer im alten Rom wissen wollte, wie spät es war, schaute auf die Sonnenuhr. Die größte Uhr gehörte zu einer fünfteiligen Anlage auf dem nördlichen Marsfeld, die dem Kult des Kaiser Augustus diente und aus dem Altar, dem *Ustrinum*, den *res gestae* und dem Grabmal bestand. In der *Sendung mit der Maus*, die der WDR Silvester 1995 ausstrahlte, war ein wissenschaftlich abgesegnetes Modell der gesamten Anlage zu sehen.

Fast am Tiber lag das Grabmal. Der Historiker Strabo hat überliefert, wie es ursprünglich aussah. Es besaß einen hohen trommelförmigen, mit weißem Marmor verkleideten Sockel, darüber wölbte sich ein grüner Hügel, auf dem Zypressen wuchsen, und obendrauf stand eine Statue des Kaisers.

Das klassische Tumulusgrab der Etrusker also. Auf dem Modell sieht es aus wie die Hochzeitstorte eines Mafia-Paten. Alle Versuche, die Antike zu rekonstruieren, enden beim Zuckerbäcker. Abbildungen in neueren Rom-Büchern verweisen dazu auf eine innige Verbindung zwischen Konditor und Computerzeichner.

Wo die Königin aller Inschriften (Mommsen), die *res gestae*, der berühmte Bericht der Heldentaten des Kaisers, stand, ist umstritten. Sueton spricht von ehernen Tafeln, die *ante Mausoleum* angebracht waren, andere wollen sie an der Straße vor dem Bezirk gesehen haben, deutsche Archäologen haben die Bettungen der ehernen Pfeiler neben dem Eingang zum Grabmal gefunden.

Augustus war blutjung, als er sein Grab in Auftrag gab, und eben 35 Jahre alt, als es fertiggestellt wurde. Ließ er sich manchmal hier vorbeitragen in seiner gefederten Sänfte?

Neben dem Haupteingang verkörperten zwei ägyptische Obelisken, über 20 Meter hoch, das Prinzip Hoffnung. Ein dritter stand auf der Sonnenuhr.

Es gab, wie man weiß, bei den Alten die Furcht vor dem

Verschwinden der Sonne, und was für den Tag galt, galt für das Jahr. Das ging so weit, daß manche Leute fürchteten, sie könnten nach ihrem Tod nicht wiederauferstehen – eine Vorstellung, an die man heute keinen Gedanken verschwendet. Wenn aber die Sonne jeden Morgen zurückkehrte, so der simple Einfall, dann war vermutlich auch die Nacht des Lebens, der Tod, nur eine Zwischenstufe zu neuem Leben. Noch Konstantin der Große huldigte vor seiner Bekehrung einem Sonnengott, aber sein neuer war ja auch irgendwie eine Lichtgestalt.

Um solche kosmogonischen Sorgen zu vertreiben, wurden die Obelisken erfunden. Sie waren an der Spitze mit reflektierendem Metall verkleidet, und wenn nun am Morgen die Spitzen glitzerten, strahlten auch die Menschlein, die unten bangten und fürchteten, es könnte für immer dunkel bleiben.

Was man nicht sah im Fernsehen, war der Kanal, der zum Bau der Anlage ausgehoben wurde. Er wurde gegen die Flußrichtung angelegt und diente dem Transport der Obelisken, die das eigentliche Bauproblem waren. Alle drei standen seit dem 7. Jahrhundert v. Chr. in Heliopolis und wurden im Jahre 10 v. Chr. nach Rom verschleppt. Der größte war 230 Tonnen schwer. Augustus widmete ihn der Sonne und machte ihn zum Urvater der Sonnenuhr.

Die Inschrift lautete: »Caesar Augustus, Sohn des vergöttlichten Caesar und Pontifex Maximus, zwölfmal Imperator, elfmal Konsul, vierzehnmal Volkstribun, nachdem Ägypten in die Gewalt des Römischen Volkes gebracht worden war, der Sonne zum Geschenk gemacht.«

Wie lange er stand, weiß man nicht. Irgendwann brach er in Stücke und versank in der Erde. 1512 wurde er wiederentdeckt und 1748 ausgegraben. Goethe beschrieb seinen Zustand unter dem 3. September 1787. Er lag »zerbrochen zwischen Schutt und Kot in einem Hofe ... einige Seiten (wahrscheinlich durchs Feuer) verunstaltet«. Wie es aussah, als überall Trümmer lagen, hat Piranesi sehr schön gezeichnet.

Aus Ägypten stammte auch die antike Technik des Transports. Man baute, wie gesagt, einen Kanal, der vom Tiber zur Baustelle führte. Das Schiff legte am Fluß an, und der Obelisk wurde seitlich an Land gerollt, so daß er an beiden Ufern des Kanals auflag. Nun wurde ein Lastkahn mit Steinen gefüllt, unter den Obelisk geschoben und entladen, sodaß er sich hob, bis er den Obelisken aufnahm. Am Ende des Kanals wurde der Obelisk wiederum seitlich an Land und bis zu seinem Bestimmungsort gerollt.

Der Platz, auf dem der Uhrzeiger stand, war mit Travertinplatten ausgelegt – andere sprechen von Marmor. Die Linien und Ziffern waren aus Bronze. Je nach Sonnenstand wies der Obelisk auch auf bestimmte Lebensdaten des Kaisers hin, zum Beispiel auf den Moment seiner Zeugung.

Alles hing davon ab, daß der Gnomon nicht wackelte. Man verwendete deshalb viel Mühe auf den Sockel, aber es half alles nichts. Der Sandboden unter dem Marsfeld gab nach, und schon bald ging die Uhr falsch, und der Kaiser war ein Zehnmonatskind.

Aber die Römer waren gewöhnt, keine genaue Zeit zu haben. Die ersten Sonnenuhren wurden in den griechischen Städten Italiens erbeutet und gingen allesamt falsch. Eine Sonnenuhr muß für den jeweiligen Ort berechnet werden. Erst als die halbe Welt bereits erobert war, wurde in Rom eine exakte Sonnenuhr aufgestellt – Mitte des 2. Jahrhunderts v. Chr.

Ein Nachteil der Sonnenuhren war natürlich, daß sie nur bei Sonnenschein gingen. Bei schlechtem Wetter mußte man deshalb auf die Wasseruhr zurückgreifen. Für kleinere Zeitmessungen gab es auch Sanduhren, die bei keiner Sitzung fehlten, denn die Römer beachteten penibel die Redezeitbegrenzung.

Ein Phänomen hat mir bisher niemand erklärt. Der Tag des Römers, der es sich leisten konnte, hatte stets zwölf Stunden. Immer erledigte man irgendwas in den ersten sechs Stunden und hatte sechs Stunden frei für *Pranzo* und *Palestra, Bagno* und *Cena,* egal, wie früh oder spät die Sonne aufging. Im Sommer dehnten sich die Stunden und schrumpften im Winter, als hätten sie physikalische Eigenschaften. Eine halbes Jahr lang wurde getrödelt, und dann mußte alles ganz schnell gehen.

Zwischen dem Eingang zum Mausoleum und der Sonnenuhr befand sich das *Ustrinum*, die Verbrennungsstätte des Kaisers. Pinien, kreisförmig angeordnet. Alle bedeutenden Verbrennungsplätze wurden anschließend in Gedenkstätten verwandelt.

Der Friedensaltar, das fünfte Glied in der Kultkette, die den Bürger umfing, wenn er nur mal eben nach der Uhr schauen wollte, stand am Rande der Sonnenuhr und bildete den metaphorischen Höhepunkt. Wenn am 23. September der Obelisk zu glänzen begann und sein Schatten länger wurde, berührte die symbolische Spitze den Altar des Friedens. Das war der Geburtstag des Erlauchten.

So bedeutungsvoll erschien Karl dem Großen der Einfall, daß er den augusteischen Obelisken zum Maßstab der Krönungskirche in Aachen machte. Sein Oktogon ist genauso hoch wie der Gnomon des Augustus, und der Grundflächenwinkel von dessen Spitze stimmt mit dem höchsten Sonneneinfallswinkel im Dom überein. Das entsprach dem Ruf, mit dem die römischen Patrizier den Franken begrüßten, als Papst Leo III. ihn in Rom krönte, damit er ihm gegen den Stadtadel beistand:

»Karl dem Augustus, dem von Gott gekrönten, großen, friedebringenden Kaiser der Römer, Leben und Sieg!«

Daß Frieden, Leben und Sieg nicht kompatibel sind, verschwiegen sie. Es lag nicht in ihrem Interesse.

Dichter von hinten

Wir schlendern Richtung *Piazza del Popolo*, wir plaudern, mir tun die Füße weh, wir besuchen die Weinstube *Il buccone* in der *Via Ripetta*, wo in den 60er Jahren die römischen Dichter standen, wir betrachten das Stadttor, durch das Goethe kam, wir schauen hinauf zum *Pincio*, wo in der Kaiserzeit die Gärten des Lukullus lagen, wir gehen zwischen den beiden fast identischen Kirchen hindurch, wo damals zwei Pyramiden standen, wir stehen vor Goethes Haus in der *Via del Corso*, wir stellen uns vor, wie Tischbein ihn von hinten malt.

»Da oben«, sage ich, »schaute Goethe aus dem Fenster, als sein Freund ihn von hinten gemalt hat. Goethe hat sich nur für die Antike interessiert, sonst gar nichts.«

Das ist ein hartes Wort. Wir nehmen den 117er und fahren fort.

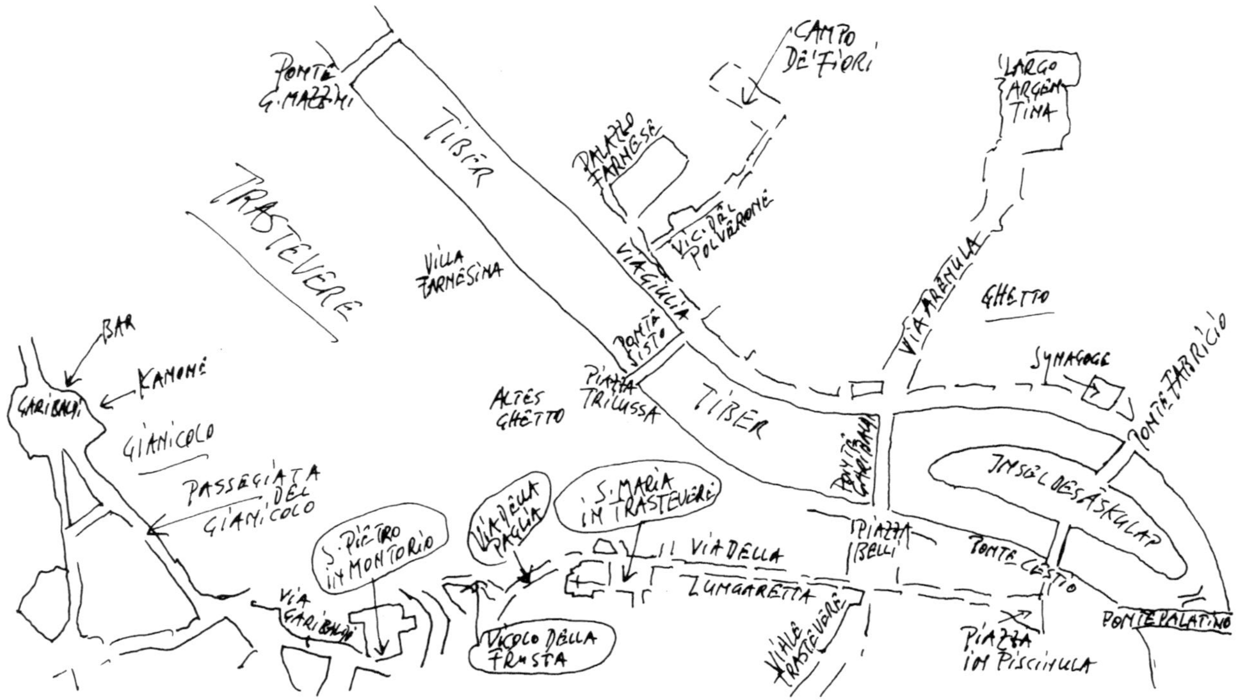

CAMPO DE' FIORI
LARGO ARGENTINA
PONTE G. MAZZINI
TIBER
PALAZZO FARNESE
VIC. DEL POLVERONE
TRASTEVERE
VILLA FARNESINA
VIA GIULIA
VIA ARENULA
GHETTO
PONTE SISTO
SYNAGOGE
PONTE FABRICIO
BAR
KAMOMÉ
GARIBALDI
PIAZZA TRILUSSA
ALTES GHETTO
TIBER
GIANICOLO
PONTE GARIBALDI
INSEL DES ÄSKULAP
PASSEGIATA DEL GIANICOLO
S. MARIA IN TRASTEVERE
VIA DELLA PAGLIA
PIAZZA BELLI
S. PIETRO IN MONTORIO
VIA DELLA LUNGARETTA
PONTE CESTIO
VIA GARIBALDI
VICOLO DELLA FRUSTA
VIALE TRASTEVERE
PONTE PALATINO
PIAZZA IN PISCINULA

FÜNFTER SPAZIERGANG

Am etruskischen Ufer

Die schääl Sick

Trastevere ist das, was die Frankfurter am Main *dribbdebach* und die Kölner die *schääl Sick* nennen. Die Römer sagten: *Transtiberim.* Nach *Über'ntiber* führen etliche Brükken. Die schönste ist die kleinste. Der *Ponte Sisto.* Sie ist eine Art *Eiserner Steg* und führt zum Denkmal des Heimatdichters Trilussa. Auch Belli schrieb im Dialekt der Trasteveriner.

Wer so lange dort gelebt hat wie ich, sollte nicht drüber schreiben. Mir kommen die Tränen der Rührung. In Trastevere sah ich, daß ich gegen eine bestimmte plebejische Folklore nicht immun bin. Seien wir ehrlich: Trastevere ist Ruhpolding.

Dem Touristen empfehle ich die Einreise über die Tiberinsel.

BILDLEGENDE

Tiberinsel
Ponte Cestio – Piazza in Piscinula – Via della Lungaretta – Piazza di S. Maria in Trastevere – Via Paolina – Vicolo della Frusta (ab hier bitte die Treppen auf den Berg nehmen) – Via di Porta S. Pancrazio (auch ab hier bitte die Treppen auf den Berg nehmen) – Piazza S. Pietro in Montorio – Via Garibaldi – Passegiata del Gianicolo
Piazzale Garibaldi

Die Insel des Äskulap

Ein idyllischer Platz, nur leider manchmal etwas überlaufen wegen des großen Krankenhauses. Die Insel hat die Form eines Schiffs. Schon immer agierten auf dem Deck die medizinischen Halbgötter.

Die alten Römer, die für alles eine mysteriöse Erklärung suchten, erzählten sich folgende Geschichte: Als einmal eine Seuche herrschte, empfahl das sibyllinische Orakel, ein Kultbild des Äskulap zu besorgen. Als aber die römischen Gesandten nach Epidauros kamen, erschien der Gott selber in Gestalt einer Schlange und begab sich auf das Schiff. Die Römer segelten eilig zurück. An der Tiberinsel schlängelte sich der Gott am Mastbaum hoch und schaute sich suchend um. Dann sprang er an Land, wo ihm sofort ein Tempel errichtet wurde.

Vor allem Arme und Sklaven pilgerten zum Äskulap. Die Insel eignete sich auch als Quarantäne-Station, zumal die Brücken erst um 60 v. Chr. errichtet wurden. In der Kaiserzeit wurde es üblich, kranke Sklaven auf der Insel auszusetzen, um sie nicht pflegen zu müssen. Claudius bestimmte, daß solche Sklaven sofort freizulassen seien, um die katastrophalen Zustände auf der Insel zu beenden.

Der Lido der Reichen und Unersättlichen

Am anderen Ufer des Tibers lagen Privatparks. Im Süden die Villa Cäsars. Er vermachte sie testamentarisch dem Volk, und Kleopatra mußte zurück nach Ägypten, was aber auch Vorteile hatte. Ihr Sohn, der von Cäsar stammte, wurde Ptolemaios, und Cäsars Günstling Marc Anton wurde ihr neuer Liebhaber.

In nördlicher Richtung folgte der Hain der Cäsaren, den

Augustus erbauen ließ, danach die Villa der Farnesina, schon jenseits des heutigen *Ponte Garibaldi*, der zur Hauptstraße von Trastevere führt: eine romantische Platanenallee.

Bei Bauarbeiten im Garten der Farnesina fand man die Fresken aus augusteischer Zeit, die im *Palazzo Massimo* zu bewundern sind. Man vermutet deshalb, daß hier die Villa lag, die Agrippa zur Hochzeit von Marcellus und Julia bauen und später, als er selber die gleiche Julia heiraten mußte, ausmalen ließ.

Die Villa wurde schon bald wieder zugeschüttet, so daß die Gemälde erhalten blieben.

Auch die Gärten der beliebten Clodia lagen in der Flußebene vor dem Janushügel. Clodia ging in die Geschichte ein, weil es hieß, sie habe dreihundert Liebhaber gehabt.

Der Ackersmann vom Vatikan

Die Reihe der Nobelparks setzte sich nördlich des *Gianicolo* mit der Villa der Frau des Germanicus fort. Heute liegt dort der Vatikan. Die Residenz war mit dem Marsfeld über eine Brücke verbunden, deren Reste man im Flußbett sieht. Agrippinas Sohn Caligula machte aus dem Park eine Rennbahn, die nach Nero benannt wurde. Petrus wurde angeblich im neronischen Zirkus hingerichtet. Das ist der Grund, warum an dieser Stelle schon die erste Peterskirche errichtet wurde. Ein Obelisk stand auf dem Mittelstreifen. Er schmückt momentan den Petersplatz. Die goldene Kugel auf seiner Spitze enthält noch immer die Asche Cäsars.

In früher Republikzeit war der *Vaticanus* Ackerland. Cincinnato pflügte, als Boten ihm mitteilten, er sei vom Senat zum Diktator gewählt worden. Man schließt daraus, daß der alte Senatsadel im 5. Jahrhundert v. Chr. aus hart arbeitenden, einfachen edlen Männern bestand, die nur ein paar Acker Wind hinterm Haus besaßen.

Der Name Cincinnato wird zusammen mit Coriolan erwähnt, als die Römer im Kampf gegen die Volsker standen, die das Gebiet der pontinischen Sümpfe im Süden der Stadt erobert hatten.

Historiker halten die Legende vom pflügenden Diktator für einen Romantizismus, der erfunden wurde, als die alten Tugenden längst perdu waren.

Warten auf den Knall

Wir aber gehen auf den *Gianicolo*, die Treppchen rauf hinter *S. Maria in Trastevere*, kaufen uns Luftballons und Eis, erfreuen uns am Kasperle-Theater, schauen runter auf die Stadt und rufen:

Das da ist das Pantheon!

Das da ist die große Kirche mit dem Obelisk davor, die oben auf der großen, breiten Treppe steht!

Das da ist der viereckige Wachturm, der über dem römischen Markt steht, den wir gesehen haben, erinnert ihr euch, wo wir durchgegangen sind, wo unten die runde Marmorsäule steht vor den zwei Kirchen mit den hohen Kuppeln!

Das da ist die Schreibmaschine!

Es gibt auch eines dieser drehbaren Fernrohre für 500 Lire, die nie funktionieren.

Wir warten auf den Schuß aus der Kanone unter der Balustrade mittags um zwölf. Und wenn es dann knallt, machen die Tauben einen entsetzlichen Krach.

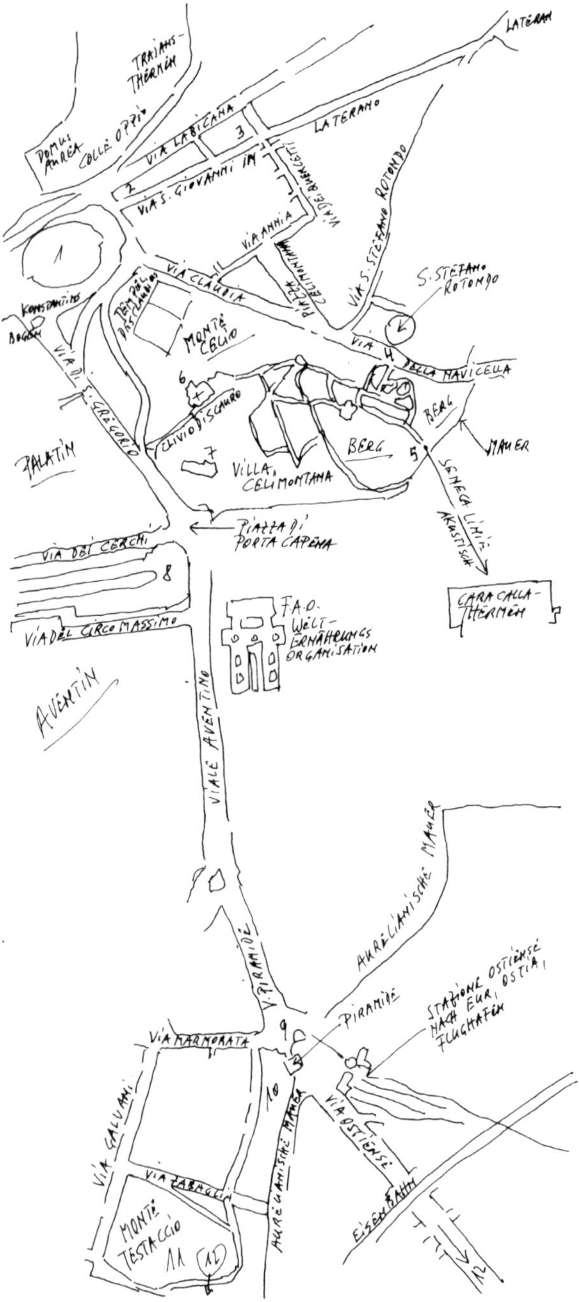
LATERAN
TRAJANS-THERMEN
DOMUS AUREA
COLLE OPPIO
VIA LABICANA
3
LATERANO
2
VIA S. GIOVANNI IN
VIA ANNIA
VIA S. STEFANO ROTONDO
PIAZZA CELIMONTANA
1
KONSTANTINS BOGEN
TEMPEL DES CLAUDIUS
VIA CLAUDIA
MONTE CELIO
S. STEFANO ROTONDO
VIA
4
DELLA NAVICELLA
6
CLIVIO DI SCAURO
BERG
BERG
5
MAUER
VIA DI S. GREGORIO
PALATIN
7
VILLA CELIMONTANA
PIAZZA DI PORTA CAPENA
VIA DEI CERCHI
8
CARACALLA-THERMEN
F.A.O. WELT-ERNÄHRUNGS ORGANISATION
VIA DEL CIRCO MASSIMO
AVENTIN
VIALE AVENTINO
AURELIANISCHE MAUER
V. PIRAMIDE
PIRAMIDE
STAZIONE OSTIENSE NACH EUR, OSTIA, FLUGHAFEN
9
VIA MARMORATA
10
VIA GALVANI
AURELIANISCHE MAUER
VIA OSTIENSE
VIA ZABAGLIA
MONTE TESTACCIO
11
12
EISENBAHN

SECHSTER SPAZIERGANG

Bergwerk Antike

BILDLEGENDE

Kolosseum (1)
Via d. S. Giovanni in Laterano (2)
Piazza S. Clemente (3)
Via dei Quercetti – Via Annia – Piazza Celimontana
Via Claudia
Via della Navicella (4)
Villa Celimontana (5)
Piazza SS. Giovanni e Paolo (6)
Clivio di Scauro – Piazza di S. Gregorio (7)
Piazza di Porta Capena (8)
Viale Aventino – Piazzale Ostiense (9)
Via Marmorata – Via Caio Cestio (10)
Via Zabaglia – Via Galvani – Piazza Orazio Giustiniani
Via di Monte Testaccio (11)
Piazzale Ostiense – Viale Ostiense (12)

(1) Kolosseum / (2) Ludus Magnus (Gladiatorenkaserne) / (3) S. Clemente / (4) Aquädukt, Eingang zur Villa Celimontana (5) Blick auf Caracalla-Thermen / (6) SS. Giovanni e Paolo (7) S. Gregorio Magno / (8) Circus Maximus / (9) Porta di S. Paolo, Cestus-Pyramide / (10) protest. Friedhof / (11) Monte Testaccio (Scherbenberg), ehemal. Schlachthof / (12) Kapitolinisches Museum in der Centrale Montemarini

Die Tütenfrau

Ein hübscher Spaziergang beginnt am *Kolosseum*, das man gut erreicht. Wir steigen hinab ins Bergwerk Antike unter *S. Clemente*, wir überqueren den *Monte Celio*, wir halten inne, wenn wir drüben sind.

Man kann, wenn man den *Monte Celio* über den *Clivio di Scauro* runterkommt, verschiedene Richtungen einschlagen. Die Allee zum Beispiel, die durch das Tal zwischen Palatin und Celio führt, hieß früher *Via Triumphalis*. Durch diese Allee betraten siegreiche Feldherrn die Stadt und präsentierten ihre Kriegsbeute – Sklaven und Könige, Huren, Schätze, Feldzeichen, Waffen, geschmückte Ochsen. Natürlich gönnte man nicht jedem Sieger einen Triumph.

Wenn ich nach rechts schaue, sehe ich die Pinien auf dem Palatin, die rötlich blühenden Büsche am Hang, den Aquädukt der *Acqua Claudia*, der auf den Hügel führt, den Bogen des Kaiser Konstantin, das *Kolosseum*, eingeklemmt zwischen drei Hügeln.

Wir könnten von dort weiter auf Neros goldenes Haus spazieren oder nach links als Triumphator über den *Monte Velia* zum Forum, was aber nicht zu empfehlen ist: zuviel Verkehr auf der *Via di S. Gregorio*.

Ich zögere also, aber dann sehe ich etwas. Wer zögert, sieht immer was.

Unter einem niedrigen Baum mit weiter, dichter Krone sitzt auf der Wiese neben *S. Gregorio Magno* eine Tütenfrau und liest die Zeitung. Als alte Römerin liest sie den *Messagero*, den ich auch lese, weil er praktisch nur aus Lokalnachrichten besteht. Was interessiert uns der Krieg in der Türkei, wenn wir die Obdachlosen in den Ruinen der Trajansthermen auf dem *Colle Oppio* haben?

Um den Baumstamm sind alte Koffer, prallvolle Müllsäcke und Küchengeräte aufgetürmt, am Baum hängen die Wintersachen zum Auslüften, und vor sich hat die alte

Dame einen großen rotkarierten Regenschirm aufgespannt, um nicht von ihrem Wohnungsnachbarn gestört zu werden.

Der sitzt etwas verloren auf einem weißen Liegestuhl wie ein Mann, der auf sein Frühstück wartet, sie dagegen thront selbstbewußt unter ihrem Baum wie die Königin von Alba Longa, die Tullius Hostilius abzusetzen vergaß. Sie trägt eine dicke, lange, rotkarierte Wolljacke und eine schwarze Wollmütze, die den Hals bedeckt und nur das verrunzelte, mißgelaunte Gesicht freiläßt.

Ich wußte sofort, woher ich sie kannte. Acht Jahre zuvor hatte meine Frau sie am Fuß des *Monte Testaccio* fotografiert. Sie stand gegen den Hang, räumte ihre Wohnung auf, und in ihrer Nähe versanken einige Autowracks im üppigen Grün.

Nun war sie zwei Hügel weiter gezogen, und ich beschloß also, mir mal wieder den alten *Monte Testaccio* anzuschauen, und ging hinüber zur Haltestelle am *Circus Maximus*, um an die *Porta S. Paolo* zu fahren.

Hier eine kleine Liste der Gegenstände, die wir uns auf diesem Spaziergang anschauen wollen.

Brut und Spiele

Das *Kolosseum* ist der bekannteste Bau der Römer, aber die Reiseführer sind uneins, ob es so genannt wurde, weil es kolossal war oder weil ein Koloß davorstand.

Kolosse waren sehr beliebt in der Antike. Im Hof des Konservatoren-Palastes waren immer einige Stücke eines zwölf Meter hohen Konstantin zu sehen. Ein Kopf mit Glubschaugen, ein Arm, ein Bein, eine Hand und ein Fuß. Sie standen oder lagen herum, ohne Beschriftung oder Bedeutung. Dieses Ungeordnete ihres Daseins machte sie reizvoll. Besonders beliebt war der riesige Fuß, wenn eine Katze drauf lag.

Der Koloß vor dem *Kolosseum* stand ursprünglich im Vorhof der *domus aurea*, also am Rand des Hügels Velia, dort, wo jetzt der Tempel der Venus und Roma liegt. Er stellte den Sonnengott dar, sah aus wie Nero und war vierzig Meter hoch. Martial schrieb: »Hier, wo der erzene Koloß die Sterne aus größerer Nähe sieht ...«

Andere behaupten, er sei eine Statue Neros gewesen und erst unter Kaiser Vespasian in einen Sonnengott verwandelt worden. Kaiser Hadrian habe ihn dann links vor das Kolosseum verschoben.

Auf einem Modell des archaischen Rom (bis 500 v. Chr.) im Museum der römischen Zivilisation im EUR liegt ein großer See, wo jetzt das Kolosseum steht. Nach seiner Trockenlegung wurden Wohnhäuser gebaut, die unter Nero abbrannten, so daß er das Gelände in seine Villa einbeziehen konnte. Auch der See wurde wieder angelegt.

Nach Neros Selbstmord ließ Vespasian das goldene Haus zuschütten, den See erneut trockenlegen und dort das *Amphitheatrum Flavium* bauen. Der Name *Kolosseum* kam erst im Mittelalter auf.

Der Bau wurde heftig begrüßt. Es gab in Rom zwar drei Theater und für Wagenrennen den *Circus Maximus*, aber man besaß keine eigene Aufführungsstätte für Tier- und Menschenopfer. Überall fanden diese blutigen Alles-oder-nichts-Wettbewerbe statt – auf dem Forum, in den *Saepta* oder in provisorischen Theatern, meist auf dem Marsfeld –, aber alle diese Abspielstätten waren zu klein.

Es gab sogar ein Amphitheater aus Holz, das eine putzige Konstruktion hatte. Es bestand aus zwei verschiebbaren Hälften. Vormittags bildeten die Halbkreise zwei Tribünen für Schauspiele, nachmittags konnte man die Hälften zusammenschieben für Kampfspiele mit tödlichem Ausgang. Aber diese Bühne war noch kleiner.

Das flavische Amphitheater genügte allen Ansprüchen. Seine Einweihung, 80 n. Chr, dauerte hundert Tage. Man erlegte 5000 Tiere und viele Gladiatoren. Zur Tausendjahrfeier kämpften 2000 Gladiatoren gleichzeitig, und das bei einer vorgeschriebenen Mortalitätsrate von 50 Prozent.

Daneben tötete man 32 Elefanten, 10 Elche, 10 Tiger, 60 Löwen, 10 Hyänen, 10 Giraffen, 20 wilde Esel, 40 Wildpferde, 10 Zebras und 6 Nilpferde. Weitere Superlative entnehmen Sie Ihrem Reiseführer.

Im normalen Spielbetrieb fanden täglich zwei Aufführungen statt. Am Vormittag wurden Tierkämpfe geboten. Tiere gegen Tiere, Jäger gegen Tiere. In der Mittagspause wurden auch Todesurteile vollstreckt. »Ich wußte, daß ich zu den wilden Tieren verurteilt war«, schrieb die vornehme Katechumenin Vibia Perpetua. Sofern die Verurteilten nicht starben, erhielten sie den Gnadenstoß.

Solche Hinrichtungen wurden gerne in Anlehnung an mythologische Szenen inszeniert. Am Rand der Arena saßen Ärzte, aber nicht, um die Opfer zu versorgen, sondern um die Arbeit der Organe im Inneren eines lebenden Körpers zu beobachten.

Am Nachmittag kämpften die Gladiatoren, einzeln oder in Gruppen. Sie lebten und trainierten im *ludus magnus* neben der Arena, Ecke *Via S. Giovanni in Laterano*. Gekämpft wurde *sine missione* (ohne Pardon) oder *ad digitos* (bis zur Kapitulation). Das Publikum entschied dann, ob der Kapitulant begnadigt wurde oder den Todesstoß zu erwarten hatte. Den Exitus überprüfte der Totengeleiter, der eine Hermes-Maske trug, mit einem glühenden Eisen. Sklaven, die Totenmasken trugen, schleiften den Leichnam hinaus.

Während ursprünglich *zu den Tieren* verurteilte Verbrecher, Kriegsgefangene und Sklaven auftraten, übten später auch viele verarmte Bürger den einträglichen, wenn auch lebensgefährlichen Beruf auf Zeit aus.

Woher der Name stammt, ist umstritten. Manche führen ihn auf die clementinische Stiftung aus dem 3. Jahrhundert zurück. Im Palast der Familie Clemens fanden schon vor Konstantin christliche Handlungen statt, und nach dem Edikt von Mailand, 313 n. Chr., wurde ihr Besitz von der Kirche enteignet.

Andere halten den dritten Nachfolger Petri für den Namensgeber. Papst Clemens war Jude, Sklave, Gehilfe des Apostels Paulus und gehörte nach seiner Freilassung zur Dienerschaft der Familie Clemens, deren Patron, Titus Flavius, ein Märtyrer wurde, obwohl er ein Vetter des Kaisers war.

Unter Kaiser Trajan wurde der Papst auf die Halbinsel Krim verbannt, arbeitete im Bergwerk, missionierte aber unter seinen Mitgefangenen und wurde deshalb an einen Anker gefesselt ins Asowsche Meer geworfen. Es half nichts. Eines Tages zeigte sich, daß zwei Engel ihm unter Wasser ein Grab errichtet hatten.

Jedes Jahr bei Niedrigwasser wanderten die Leute übers Watt, besuchten das Grab, und einmal kehrte die Flut so heftig zurück, daß ein Kind ertrank. Als aber nach einem Jahr wieder Ebbe war, saß die Kleine, von den zwei Engeln bewacht, munter am Grab und spielte. Damit war Clemens heilig.

Die erste ihm geweihte Kirche stand schon 385 n. Chr., doch erst Kyrill und Method, die *Apostel der Slawen,* suchten nach seinen Gebeinen. 861, nachdem Kyrill das glagolithische Alphabet erfunden hatte, wurden sie fündig. Der Heilige lag samt Anker auf einer Insel, wurde im Triumph nach Rom gebracht und in *S. Clemente* beigesetzt. Ob mit Anker, ist nicht überliefert.

Betrachten wir nun die niedrigen, zugemauerten Öffnungen in den Seitenwänden der im 11. Jahrhundert errichteten Basilika. Sie sind die obere Rundung der Bögen der 385 geweihten Unterkirche. Die Geschichte ihrer Entdeckung zeigt, warum Mönche erdbraune Kutten bevorzugen.

Wir gehen die breite Treppe hinter der Sakristei hinunter und stehen an der Stelle, wo Bruder Mullooly, Prior des Klosters, 1857 zu buddeln begann. Er durchbrach die rechte Wand, bahnte sich einen Gang durch den Bauschutt bis zum Ende des Nordschiffs, trieb quer unter der Apsis einen Stollen nach links, erreichte nach vier Jahren das Südschiff und kam an der *Via San Giovanni* wieder zum Vorschein.

Es war Frühjahr, und im September war Bruder Mullooly wieder unter Tage. Diesmal blieb er acht Jahre vor Ort und schaufelte nicht nur die Unterkirche frei, samt allen Fresken, Säulen, Sarkophagen, Skulpturen etc., sondern entdeckte auch den *Mithras-Tempel* im zweiten Untergeschoß. Dann verliert sich seine Spur.

Doch schon 1912 fand er in Bruder Louis Nolan einen tatkräftigen Nachfolger. Nolan buddelte einen Tunnel, um den Tümpel im zweiten Untergeschoß zu entwässern. Sein Kanal, vom Kardinal von Boston gesponsert, beginnt sechs Meter unter dem Tempel, verläuft in zwölf Metern Tiefe unter der *Via Labicana* und ist 600 Meter lang.

Durch diese Maßnahme wurden auch die dritte und vierte Bauschuttschicht unter *S. Clemente* entdeckt – Wohnhäuser aus republikanischer Zeit, die im Jahr 64 n. Chr. durch den bekannten Großbrand vernichtet und danach aufgefüllt wurden.

Wir durchwandern nun sämtliche Schiffe der Unterkirche, verlaufen uns ein wenig zwischen den mittelalterlichen Stützmauern, bewundern diverse heilige Legenden an den Wänden und steigen dann in der Westecke des Südschiffs, also dort, wo sich Bruder Mullooly nach oben grub, nach unten.

Es ist feucht und klamm, unter dem Vestibül vor dem

Tempel plätschert frisch ein Bach, und die Räume sind schlecht beleuchtet, aber das hebt den Zauber. Matt glänzen die Ziegelsteine, Schatten auf der Wand, Touristen in kurzen Hosen, Blitzlichter, später rote Augen, ein altes Eisengitter vor einem hohen Schacht, der in der Dunkelheit versinkt, vielleicht ein toter Mann.

Woher der Bach kommt, der das ganze Jahr gleichmäßig und rasch durch den Tuffstein strömt, weiß keiner. Manche meinen, es sei Wasser aus einem Aquädukt, der einst die Wohnhäuser versorgte. Wohin es fließt, hat man festgestellt. Es strömt durch Bruder Nolans Tunnel, von dort in die *Cloaca Maxima* und landet im Tiber.

Mithras

Neben dem Tunnel, hinter Gittern, sieht man das *Triklinium* (den Speisesaal) mit dem *Mithras-Altar* im Hof eines Wohnhauses aus dem 2. Jahrhundert n. Chr., das auf den Ruinen der Republik errichtet wurde.

Mithras war eine orientalische Lichtgestalt. Er wurde aus einem Felsen geboren, um der Welt Erlösung, Leben und Fruchtbarkeit zu bringen. Apoll schickte ihm einen Raben mit einer Botschaft.

Der Altar zeigt Mithras als Krieger mit wehendem Mäntelchen, wie er den Mondstier erlegt. Er hat Ähnlichkeit mit Alexander dem Großen und trägt eine phrygische Mütze. Er kniet auf dem Opfer und hat den Dolch im Nacken des Tieres versenkt. Sein Kopf ist abgewandt, als könnte er das Blutbad nicht mitansehen, doch er lauscht nur dem Raben.

Am Boden neben dem Stier drei Kleintiere: Ein Hund, eine Schlange und ein Skorpion. Hund und Schlange recken sich hoch, um das Blut aufzulecken. Der Skorpion, Sinnbild des Bösen, wird bei dem Gemetzel ebenfalls verletzt. Aus dem Blut des Stiers sprießt alles Leben auf der Erde, durch das Blut des Skorpions kommt das Böse in die Welt.

Wie es scheint, ist Mithras' Aufgabe mit dem Sieg über den Stier erfüllt. Apollo lädt ihn nur noch einmal zum Gastmahl und entführt ihn dann in seinem feurigen Wagen gen Himmel. Deshalb steht der Altar in einem Speisesaal.

Manche glauben, der Mithras-Kult sei mit Blutopfern verbunden gewesen. Das ist falsch. Brot, Wein und Wasser waren das Höchste, was im *Triklinium* verzehrt wurde, wenn man der Himmelfahrt des Kriegers gedachte.

Andere sehen in Mithras eine Christusfigur. Das ist oberflächlich. Mithras lehrte nichts. Er war weder Mensch noch Gott. Daß er das Gute auf die Welt brachte, sie fruchtbar machte, das Wort eines höheren Gottes erfüllte, erlöst wurde und zum Himmel auffuhr, sind zufällige Analogien. Jedenfalls nach Meinung der irischen Dominikaner.

Sie könnten recht haben. Mithras war kein Held der Massen. Der Todestrieb der Christen war ihm fremd. Seine Tempel waren winzig. Die Kultstätte unter *S. Clemente* bot Platz für fünfzig Personen. In der Millionenstadt Rom gab es ganze fünfzig Mithräen. Das zeigt, wie wenig Anhänger er besaß.

Beliebt war er vor allem beim Militär. Die Soldaten Alexanders verbreiteten seinen Kult mit ihren Kriegszügen. Soldaten brachten ihn unter Sulla nach Rom, aber es war nicht die Verbindung von Blut und Boden, was sie faszinierte. Die römischen Krieger verehrten ihn wegen seiner ganz unchristlichen Tugenden – Ehrlichkeit, Treue, Gehorsam.

Wir verlassen die Antike durch den schmalen Gang, den Bruder Pius O'Daly 1936 durch die dicke Tuffsteinwand unter der Unterkirche trieb, und eilen durch die Säle, die zum Palast des Titus Clemens gehörten. Nur eine Strecke liegt noch vor uns. Wir verdanken sie Bruder Raymond

Dowdall, der den Bergbau 1945 dort fortführte, wo Bruder O'Daly aufgehört hatte.

Er trieb einen Stollen durch die Räume unter dem Nordschiff und wieder hinauf. Darüber, daß die Mönche von *S. Clemens* Bergmannslieder sangen, ist nichts bekannt.

Programm der Weltherrschaft: Stefano Rotondo

Wie aus dem Traum eines Surrealisten hierher versetzt, stehen ein paar Ruinen auf der *Piazza della Navicella*, aber es ist vor allem die Leere, die den Raum so spannend macht.

Mitten in der Stadt eine breite Straße ohne Autos, Menschen, Geschäfte. Nur Gartenmauern, gigantische Pinien, ein monumentaler Rest der *Acqua Claudia*, ein graziöses Marmorschiff (die *Navicella*) als Brunnenschale, das Portal zur *Villa Celimontana*.

In *S. Stefano Rotondo* hat ein namenloser Architekt eine dreischiffige Basilika zu konzentrischen Kreisen gebogen. Die Außenmauer steht nicht mehr, der äußere Säulenring wurde zugemauert und inwändig bemalt, aber die Kernaussage des Bauherren ist im Torso sichtbar geblieben.

Reliquien des Erzmärtyrers Stephan, ein Judenchrist, der von Juden gesteinigt wurde, hat die Kirche nie besessen. Ihn zu verehren, überließ man den anderen Stephanus-Kirchen in Rom. Auf dem Monte Celio war er nur ein Vorwand.

Der Bau ist schlicht erhaben, die Wände glatt verputzt und hell, nur Architektur und Licht, Säulen und Rundungen, nicht eine Ecke, der Grundriß aber ist visuelle Poesie, ein Bildzeichen, das eine philosophische Idee ausdrückt.

In Stadtführern wird *S. Stefano Rotondo* gerne als Replik der unter Konstantin erbauten Grabeskirche in Jerusalem interpretiert. Sie haben identische Maße. Andere haben die

Kreise auf ein rundes Schlachthaus zurückgeführt, das unter Nero errichtet wurde.

Aber *S. Stefano Rotondo* ist weder an vorhandener Bausubstanz orientiert, wie die *Michelangelo-Kirche* in den *Diokletiansthermen* oder *Santa Pudentiana*, noch wurde hier ein erprobtes Baumuster kopiert. Die Kirche ist planvoll und eigenständig auf eine soziale Prognose hin programmiert. Sie ist der ästhetische Ausdruck des politischen Machtanspruchs des katholischen Apparats mit den Mitteln der Geometrie.

Im 5. Jahrhundert n. Chr. änderte sich einiges in Rom. Seit 375 n. Chr. herrschte im Westen der intolerante Gratian. Er beschlagnahmte die Tempel, hob die Immunität der Priester auf, sperrte den Vestalinnen die Einkünfte, ließ den Altar der Viktoria aus der Senatskurie entfernen und strich die Funktion des Pontifex Maximus aus seinem Titelregister. Das wäre erfreulich gewesen, wenn man nicht gleichzeitig die christliche Religion von Staats wegen gefördert und alimentiert hätte.

Im Osten verfolgte Theodosius I. (der Große), seit 379 Augustus, die gleiche Politik. Er berief 381 das 2. ökumenische Konzil ein und ließ das Christentum zur Staatsdoktrin erklären.

391 erging das Verbot aller anderen Religionen. Die Tempel wurden zerstört oder in christliche Kultstätten verwandelt. Es war der Anfang vom Ende der Antike. In Rom begann die Rutschpartie ins finstere Mittelalter.

Die letzten Kaiser waren machtlos, dem Schutz ihrer Söldner ausgeliefert. Germanische Heerführer, die Schattenkaiser auf- und absetzten, waren die wahren Machthaber. Ein Heeresmeister namens Orestes, ehemals Sekretär bei Attila, rief seinen Sohn zum Kaiser aus und nannte ihn stolz Romulus. Das Volk verspottete ihn als Augustulus.

Der Skire Odoaker, von seinen Söldnern zum König ausgerufen, setzte ihn 476 ab und sandte die herrscherlichen Insignien nach Konstantinopel. Er war ein milder und gerechter Herrscher und wurde von Theoderich im Auftrag des oströmischen Kaisers Zeno erschlagen.

In das Machtvakuum strömte die Kirche. Papst Innozenz I. (402–417 n. Chr.) handelte nach der Devise, *die Feinde meiner Gegner sind meine Freunde*. Er versuchte, mit Kaiser Honorius, der in Ravenna residierte, eine germanenfreundliche Politik zu vereinbaren, und verhandelte mit dem Westgoten Alarich, der im Auftrag des oströmischen Kaisers Jugoslawien und Italien verwüstete. Papst Leo der Große (440–461 n. Chr.) traf sich in Mantua mit Attila und erreichte den Abzug der Hunnen. Den Einfall der Vandalen zwei Jahre später (455 n. Chr.) konnte er zwar nicht verhindern, erreichte jedoch, daß Geiserich seine Truppen zur Mäßigung aufrief.

Er war es auch, der als erster die Kirche als Nachfolgerin des römischen Imperialismus definierte. »Durch die göttliche Religion sollst du, Rom, deine Herrschaft weiter ausdehnen als zuvor durch viele Siege und deine weltliche Macht.«

S. Stefano Rotondo, gegen Ende dieses 5. Jahrhunderts erbaut und von Papst Simplicius (468–483 n. Chr.) geweiht, enthielt dieses Programm der Kirche in ihrem Grundriß. Der Kreis meinte den Erdkreis, das All, das göttliche Prinzip, aber die menschliche Gestalt Gottes war ihm durch das Kreuz schon eingeschrieben.

Das nicht mehr vorhandene, dritte kreisrunde Schiff der ursprünglichen Kirche bestand aus acht Segmenten – von denen vier etwas kürzer waren. Die längeren Segmente waren der Länge nach durch eine Wand unterteilt. Nur wenige konnten das dadurch entstandene Kreuz sehen. Nur Gott und die Dachdecker.

Die Verweltlichung der Kirche in der Renaissance ist im heutigen Grundriß ablesbar. Indem Nikolaus V. den äußeren Mauerring abreißen und den ersten Säulenkreis zumauern ließ, entfernte er das Kreuz aus der Kirche.

Ihre letzte Weihe als politisches Propagandainstrument erhielt die Rotunde im Zuge der Gegenreformation unter Papst Gregor XIII., der den gregorianischen Kalender einführte.

Er muß ein Sadist gewesen sein, und Nicolò Circignani, genannt Pomarancio, der Orangenmaler, ein drittklassiger Illustrator, den er mit der Dekoration der neuen Außenwand beauftragte, war es ebenfalls.

Der Freskenzyklus, bestehend aus einunddreißig Bildern, den Pomarancio auf 200 m^2 rund um den Innenraum aufbrachte, ist nicht nur das erste Riesenrundgemälde der Kunstgeschichte. Er ist auch ein Horrorstrip und eine Ansammlung von blutrünstigen Scheußlichkeiten. Nie konnte man ein Kind in diese Kirche führen, ohne es zu traumatisieren.

Stendhal berichtet in seinen *Wanderungen in Rom*, daß die Damen seiner Gesellschaft von den Bildern so entsetzt waren, daß sie aus der Kirche rannten.

Die Geschmacklosigkeiten dienten der Diffamation und Propaganda. *S. Stefano Rotondo* war inzwischen Eigentum des *Collegium Germanicum* (deutsches Kolleg) geworden, einer 1552 von Jesuiten gegründeten und geleiteten Priesterausbildungsstätte für den deutschen Sprachraum.

In Deutschland kämpfte die katholische Kirche, als Pomarancio seine Marterszenen malte, um die Rückeroberung ihrer durch die Reformation verlorenen Gebiete. In *S. Stefano Rotondo* sollte der deutsche Priester lernen, welche Grausamkeiten die Feinde des Katholizismus begehen und mit welchen Mitteln man sie besiegt. Daß die Fresken das Sterben frühchristlicher Märtyrer zeigen, war nur ein Trick.

Seither ist die Kirche in deutscher Hand und wird gerne von uns besucht. Keine Namen.

Monte Celio

Der *Celio* wurde relativ spät erobert und zu den sieben Hügeln gezählt. Seinen Namen verdankt der Berg einem Etrusker namens Celio Vibenna. Erst unter Tullius Hostilius, der die Albaner hier ansiedelte, rückte er näher an Rom.

Aber Hostilius ist eine Erfindung. Er gilt als dritter König auf dem Palatin und soll Mitte des 7. Jahrhunderts v. Chr. gelebt haben. Der Sage nach zerstörte er Alba Longa, die Hauptstadt der Konkurrenz am Rand der Albaner Berge – der erste größere Schritt der römischen Expansion.

Zu der Zeit wurde der *Celio* von Sümpfen geschützt, ein dichter Eichenwald bedeckte ihn, daher der römische Name *Querquetulanus.* Als die servianische Mauer erbaut wurde, nach 390 v. Chr., lag er bereits im Stadtgebiet.

In historischer Zeit war er ein aristokratisches Quartier. Die Paläste auf dem Palatin und die öffentlichen Einrichtungen auf dem Forum waren bequem zu erreichen. Der *Celio* selbst besaß etliche Tempel.

Nero ließ den Abhang auf der Seite zum Kolosseum hin, wie auch die Hänge des *Colle Oppio* und des *Velia,* in seine Villa einbeziehen und als Äcker, Weinberge, Viehweiden und Wälder umgestalten. Den Tempel seines Vorgängers Claudius am nordöstlichen Abhang des *Celio* ließ er abreißen und in ein Nymphäum verwandeln. Einige Reste sieht man am unteren Ende der *Via Claudia.*

Die *Villa Celimontana,* die heute den größten Teil des Hügels bedeckt, wurde Ende des 16. Jahrhunderts errichtet und blieb fast unverändert. Sie ist der größte und schönste Park der Innenstadt. Mit den bekannten europäischen Parks ist sie nicht zu vergleichen. Riesige Bäume und dichtes Gebüsch haben das hügelige Plateau in eine Urlandschaft verwandelt, die undurchdringlich wirkt. Schinkel hat solche Landschaften gemalt.

Besucher kommen selten hierher, Touristen fast nie. Ein paar Rentner, die Zeitung lesen, ein paar Frauen mit Kinderwagen, Liebespaare, die ineinanderkriechen. Nur gelegentlich huscht Unruhe durch die stille Idylle, wenn eine Hochzeitsgesellschaft aus den benachbarten Kirchen einen Platz sucht für den Fototermin.

In den seltsamsten Posen und an den entlegensten Orten läßt sich das Brautpaar fotografieren. Hier zeigt sich, daß jeder volljährige Italiener nicht nur ein Handy, sondern auch eine Videokamera besitzt.

Wir gehen hinüber zur Südwestseite des *Celio*, vorbei am Haus, das sich der Kunstsammler Ciriaco Mattei vor 400 Jahren errichten ließ, vorbei auch am *Musenhain* mit dem *capitolinischen Obelisk*, den der römische Senat *dem alten Herrn der Gärten* (so die Sockelinschrift) für seine Villa schenkte, und stehen am Rand des Berges, wo ein verwitterter Flußgott sich rekelt, an einem Steingeländer.

Schroff fällt der *Celio* hier in die Tiefe und zeigt, daß die römischen *montes* gelegentlich noch sind, was sie vor ihrer Besiedlung waren: richtige Berge. Pinien über Pinien, durch die ein paar braune Mauern der *Caracalla-Thermen* blitzen. Dort unten liegt Rom, unter hohem Grün begraben. Die großen Mietskasernen, die dichtbefahrenen Hauptstraßen am Fuß des *Celio*.

Es scheint nicht immer so still gewesen zu sein an dieser Ecke. Neros Hauslehrer Seneca hat den Lärm beschrieben, der aus den *Caracalla-Thermen* heraufdrang:

»Ihr könnt euch nicht vorstellen, was für ein Lärmen und Schreien in allen Tonarten heraufdringt. Ich vernehme das rhythmische Rufen und Keuchen jener, die sich mit Hanteln betätigen. Wenn jemand sich massieren läßt, höre ich das Schlagen der Hände auf den Schultern. Es gibt dann auch noch die Streitsüchtigen, den Dieb, den man auf frischer Tat ertappt hat, und dann die Taucher, die sich brüllend ins Schwimmbecken stürzen.

Diese betätigen wenigstens nur ihre eigene Stimme. Hingegen ist da der Haarentfernungskünstler, der alle Augenblicke seine Dienste mit einer gräßlichen Fistelstimme anbietet, und sobald er jemanden gefunden hat, fängt der an zu schreien. Ganz abgesehen von den Händlern, die Getränke, Würste und Pasteten anpreisen, und den Kellnern der Kneipen, die ihre Waren anbieten, wobei sich jeder eines besonderen Tonfalls befleißigt.«

Hochzeitsmarsch

Wir durchqueren nun den Park in nördlicher Richtung, also nicht zur *Navicella* hin, und stehen nach ein paar Minuten vor der *Kirche der Heiligen Johannes und Paulus*, die praktisch in letzter Minute, 362, noch das Glück hatten, den Märtyrertod zu erleben.

Die Fassade ist sehenswert – ein Patchwork aus diversen Mauertypen von lombardischer Heiterkeit. Rechts einer der schönsten romanischen Glockentürme der Stadt. Er steht auf dem hohen Sockel des Claudiustempels, der darunter hervorschaut. Links wirkt die Fassade irgendwie angeknabbert.

Die *Piazza dei SS. Giovanni e Paolo* ist einer der Plätze, die an hellen, klaren Wintertagen mit Temperaturen um den Nullpunkt und blauem Himmel besonders schön zur Geltung kommen, wenn die umliegenden Gebirgszüge der Sabiner und Albaner Berge der Stadt auf die Pelle rücken und Frascati im Süden und Tivoli im Osten zu Vorstädten werden.

Auch das Innere ist eine Stippvisite wert. Die dreischiffige Basilika ist von überdurchschnittlicher Scheußlichkeit und sieht aus, wie sich der Schmied von El Paso eine Hochzeitskirche vorstellt, die Ende des 4. Jahrhunderts errichtet wurde und auf einem antiken Adelspalast steht, in dem zwei kaiserliche Hofbeamte hingerichtet wurden, weil sie sich weigerten, dem Kaiser zu geben, was des Kaisers ist: ein Opfer seiner Göttlichkeit.

Die gesamte Bestuhlung ist in rötlich-braunen Samt gekleidet: Bänke, Beichtstühle, Betstühle, vor allem aber die schmalen Tische und die zierlichen Stühlchen, die für die Trauzeugen bestimmt sind, die Sessel und Pulte für das Brautpaar und die ausladenden, doppelt verstärkten Lehnstühle für die Brauteltern.

Links und rechts des Mittelschiffs baumeln unterschiedlich hoch aufgehängte, riesige Lüster in zwei Reihen, die über dem Altar eine Kaskade bilden. Gegen Zahlung einer kleinen Spende ist der farbige Hochzeitsdiener bereit, die Lichter wie auch die Hochzeitsmusik einzuschalten. Natürlich *Treulich geführt, ziehet dahin*. Die Hi-Fi-Anlage ist respektabel.

Dann taumeln wir durch sieben spätantike Bögen, die die Straße überspannen, den antiken *Clivus Scauri* hinunter und stehen sofort vor *S. Gregorio Magno*. Links Reste der archaischen Stadtmauer. Daneben die Kapelle, in der Gregor, der aus einer alten Adelsfamilie stammte und 590 Papst wurde, täglich zwölf Arme zu speisen pflegte. Der steinerne Tisch steht noch.

Vermutlich ist es die Aura dieses Trikliniums, die meine alte Freundin angelockt hat. In Rom ist alles verstrahlt.

Die Nymphomanin vom Circus Maximus

Der letzte, der im *Circus Maximus* Wagenrennen veranstalten ließ, war der Ostgote Totila, der Mitte des 6. Jahrhunderts Rom und fast ganz Italien für das Abendland zurückeroberte (Felix Dahn, *Ein Kampf um Rom*, 4 Bände, 1876).

Heute ist der Zirkus eine flache Mulde, spärlich begrast, baum- und strauchlos, so lang und schmal wie das Tal zwischen Palatin und Aventin. Ein Blickfang ist nur die steile Ostflanke, aus der felsengleich die hellbraunen Ruinen der kaiserlichen Paläste ragen.

Auf dem sandigen Feld verlaufen sich ein paar Fußballspieler und Hundeführer. Von den dreistöckigen Tribünen ist nichts geblieben als ein niedriger grüner Rand und einige Reste der Tribünen an der Südkurve. Es ist einer der ödesten Orte der Antike, die man besichtigen sollte. Schon allein die Größe und Leere des Geländes schrecken ab.

Die Römer glaubten, die Anlage sei uralt. Sie wurde jedoch erst im 2. Jahrhundert v. Chr. gebaut. Gewidmet war sie dem Sonnengott, da die Wagen immer im Kreis fuhren, wie die Sonne um die Erde, sieben Runden lang, für jeden Wochentag eine.

In seiner jetzigen Größe, die er unter Konstantin bekam, war der Zirkus über 600 Meter lang, 150 Meter breit und konnte 300 000 Besucher aufnehmen. Im Zirkus zeigten sich die Herrscher den Massen gnädig. Cäsar ließ, als er Diktator auf zehn Jahre wurde, eine Schlacht nachspielen, an der 1000 Infanteristen, 600 Reiter und 40 Elefanten teilnahmen. Augustus schenkte dem Zirkus den Obelisken, der heute auf der *Piazza del Popolo* steht, und baute sich eine Loge am Hang des Palatin, die einem Tempel glich.

Über den normalen Renntag gibt es genügend Berichte. Für den Erotomanen Ovid war der Ort auch interessant, weil man nicht getrennt saß. Er beschreibt, wie man sich ranmachte: »Ei, du böses Kleid, daß du so schöne Beine verdeckt hast! Schmutziger Staub, geh fort von ihrem schneeweißen Leib!«

Ausführlich wird auch das Ritual des Einzugs durch den Bogen zwischen den Startboxen geschildert: die Prozession der Quadrigen, der Beamten, der Symbole, der Götter- und

Kaiserbilder, die in einer Loge hinter der ersten Kehre plaziert wurden.

Technisch war die Anlage hochgerüstet. Von den Startboxen bis zur Breakline gab es einen langen Vorlauf, dann ging es immer um den dünnen Mittelstreifen, auf dem zwei Rundenzähler standen. Dazwischen der Obelisk.

Auch die Wagenlenker waren modern ausgestattet. Sie trugen lederne Sturzhelme und Schienbeinschützer. Ihre Oberkörper waren mit Leder bandagiert. Im Gürtel steckte ein Dolch, um notfalls die Zügel zu durchtrennen, die um die Taille gebunden wurden, um die Hände freizuhaben.

Pro Rennen gingen bis zu zwölf Wagen an den Start. Die Rennen erforderten Geschicklichkeit und waren schon damals gefährlich, nicht nur in den engen Wendekreisen. Der *Circus Maximus* war der Nürburgring der Antike, und die überlieferten Darstellungen der Wagenrennen befinden sich allesamt auf Särgen.

Die Zuschauertribünen waren aus Holz, nur das Erdgeschoß war aus Stein. Hier befanden sich Läden, Geschäfte, Lagerräume, Wohnungen der Kaufleute, und von hier ging der verheerende Brand im Jahre 64 n. Chr. aus.

Brände, auch Groß- und Flächenbrände, gab es in Rom so häufig wie Hauseinstürze, und sie waren wegen der offenen Feuerstellen in den Wohnungen, der engen Bauweise, der Holzdecken etc. auch nicht in den Griff zu kriegen, als Augustus eine Feuerwehr aufstellen ließ, die aus 7000 *vigiles* bestand.

Tacitus hat den Brand beschrieben. Er breitete sich durch das dichtbebaute Tal zwischen Celio und Palatin bis in den Kessel des *Kolosseums* aus. Erst als die Trümmer am Nordhang einen Wall bildeten, verloschen die Flammen. Nach sieben Tagen waren drei Stadtbezirke völlig vernichtet, zehn beschädigt und nur vier verschont geblieben.

Sueton und Cassius Dio haben Nero den Brand in die Schuhe geschoben. In Film und Fernsehen sieht man Nero, der von 54 bis 68 n. Chr. regierte, auf dem Turm des Maecenas liegen, den Brand bewundern und Gedichte deklamieren. Tacitus hielt das für Unsinn und gab dem Wind die Schuld. Augenzeuge war keiner der drei. Tacitus und Sueton waren Kinder, als es brannte. Dio lebte 200 Jahre später. Der Kaiser war in Anzio und eilte nach Rom, als er erfuhr, daß auch sein Palast in Gefahr war, aber es war nichts mehr zu retten.

Auch Juvenal, Satiriker, hat zum Ruhm des *Circus Maximus* beigetragen, und zwar durch sein bekanntes Gedicht über Kaiserin Messalina. Sie war mit dem ältlichen Claudius verheiratet. Nachts, behauptete der Dichter, schlich sie sich verkleidet und nur von einer Dienerin begleitet aus ihrem Palast auf dem Palatin und betrat eines der Freudenhäuser am Zirkus, wo eine Zelle für sie reserviert war.

»Dann nahm sie nackt mit vergoldeten Brustspitzen Aufstellung davor, behauptete, sie heiße Lycisca, verlangte ihr Geld und nahm die Stöße aller auf.« Juvenal empört: »Der Leib, in dem sie dich, edler Britannicus, getragen hatte.«

Juvenals Gedicht ist der erste Softporno über Messalina. Mein Lexikon nennt drei weitere. Baudelaire in den *Fleurs du Mal*: *Sed non satiata*. Der Titel ist eine Zeile aus dem Gedicht von Juvenal. Auf englisch: *I can't get no satisfaction*.

Messalina und Claudius hatten zwei Kinder: Octavia und den designierten Thronfolger Britannicus. Kaiser Claudius ließ seine Gattin und ihren Liebhaber Silius durch Narcissus vergiften und heiratete dann seine Nichte Agrippina d.J. Die war eine Tochter des Feldherrn Germanicus und der älteren Agrippina, die Kaiser Tiberius verhungern ließ. Ihr Bruder war Kaiser Caligula, der von seinen Prätorianern umgebracht wurde.

Agrippina d. J. ließ ihren Gatten Claudius vergiften, nachdem er ihren Sohn Nero durch Adoption zum Nachfolger bestimmt hatte. Kurz drauf vergiftete sie auch Messalinas Sohn Britannicus, ihren Stiefsohn, Neros Mitregenten.

Messalinas Tochter Octavia heiratete Nero, der erst seine Mutter Agrippina d. J. ermorden ließ, um seine Ruhe zu haben, und dann auch seine Gattin Octavia, um Poppea zu heiraten.

Vier Jahre nach dem Brand vergiftete Nero sich selber. Mit ihm endete die von Cäsar und Augustus begründete julisch-claudische Dynastie.

Linie 30B

Die Tram 30B ist sehr zu empfehlen. Sie umrundet halb Rom, von der *Pyramide* im Süden bis zum *Ponte Milvio* im hohen Norden. An ihrer Route liegen das *Kolosseum*, die *Lateranskirche* und der Flohmarkt an der *Via Sanio*, die *Porta Maggiore* und das Bahnhofsviertel, das Universitätsviertel, die *Villa Borghese* mit dem Zoo und der *Villa Giulia*, in der sich eine große etruskische Sammlung befindet.

Es gibt auch ein paar schöne Buslinien. Ich mag den kleinen Bus 117, einen Elektrobus, der vom *Lateran* bis zur *Piazza del Popolo* fährt. Er brummt über den *Celio*, vorbei an *Stefano Rotondo*, umrundet das *Kolosseum*, quält sich den *Oppio* hoch und wieder runter, den *Quirinal* hoch und gleitet am Ostrand des *Marsfelds* lang, überquert die Straße der Fluggesellschaften, wo die berühmte *Via Veneto* abgeht, und hält auch an der *Spanischen Treppe*. Zurück über die *Via del Corso*, *Piazza Venezia* und an den *Foren* entlang. Lauter Namen, die dem Rom-Liebhaber Tränen des Heimwehs entlocken.

Wir aber fahren nur die paar hundert Meter vom *Circus Maximus* zur *Porta S. Paolo* am Osthang des Aventin entlang, die zu laufen sich wirklich nicht lohnen.

Scherben und Stierhoden

Den *Monte Testaccio*, der nie besiedelt war, erreichen wir vom Stadttor aus, an dem die Straße nach Ostia beginnt. Hier fahren auch die Eisenbahn zum Strand und die Metro ins EUR ab.

In der Mauer die unübersehbare Pyramide. Als Grabform war das im alten Rom keine Seltenheit. An der *Piazza del Popolo*, wo zwei fast identische Kirchen stehen, durch die Goethe jeden Morgen ging, als er auf dem *Corso* wohnte, standen auch zwei Pyramiden.

Jetzt ist sie die letzte und doch keine Attraktion. Breit hebt sie sich ab vom Braun der Mauer, diese hell überragend. Sie beruhte auf einer Wette. »Ich wette, daß ich dir binnen eines Jahres eine Pyramide hinstellen lasse, wenn du mir dein Vermögen hinterläßt«, sprach die Gattin des Gaius Cestus.

Cestus war Prätor, Volkstribun, Mitglied eines Priesterkollegiums und demzufolge nicht arm. Seine Witwe schaffte es in 330 Tagen, wie die Inschrift besagt.

Am Anfang der *Via Marmorata*, wo jahrhundertelang der antike Marmor wiederaufgearbeitet wurde, der auf jedem Fensterbrett liegt, und gleich um die Ecke erreichen wir den *Cimitero acattolico* (den unkatholischen Friedhof). Besucher kommen selten, und das Portal ist immer geschlossen. Den Seilzug an der rechten Seite benutzen. Bekannte Künstler und Denker liegen hier wie Keats, von Meisenburg, Semper, Shelley, Waiblinger, aber auch Belinda Lee, die den Vatikan erschütterte – Geliebte frommer Männer.

Schlimm traf es den August Goethe, wie man an seiner Grabinschrift sieht. Sein Schicksal lag in zwei Worten: »Goethes Sohn«. Goethes Sohn: Sonst war er nichts und also namenlos.

Ich liebe Friedhöfe, und dieser ist einer der schönsten. So viele kitschige Grabsteine sieht man selten so überragt von hohen Bäumen, und im Hintergrund die dunkle Wand der Stadtmauer. Sonnenflecken zwischen den Gräbern, und die Pyramide wirkt noch größer von hier aus.

Auch Antonio Gramsci liegt am *Testaccio*, wenigstens nicht unter Katholiken. Pasolini mochte den Friedhof nicht. Vielleicht deshalb.

»Nicht nach Mai riecht diese unreine Luft, die den dunklen Garten der Fremden noch dunkler macht oder erhellt mit blinden Blitzen ... dieser Himmel wie Speichel über den gelblichen Dachterrassen, die in einem riesigen Halbkreis den trauernden Tiber verhängen« – so beginnt sein vielleicht bekanntestes Gedicht, *Gramscis Asche*.

Der *Monte Testaccio* ist ein Rätsel, um das sich die Gelehrten streiten, aber der Stadtführer weiß es. Er besteht aus Millionen zerschlagener Amphoren, die in der Antike für die Einfuhr von Waren benutzt wurden und aus den nahe gelegenen Lagerhäusern des Hafens stammten. Warum die Amphoren zerschlagen wurden, was sie in den Lagerhäusern machten, wie die Waren verwahrt wurden, nachdem die Amphoren zerschlagen waren, ob wirklich der ganze Berg aus Scherben besteht, weiß auch er nicht.

Im Berg gab es viele kleine Weinlokale, in denen die Plebs verkehrte, bis vor wenigen Jahren. Die ganze Gegend, um die Jahrhundertwende billig bebaut, hieß *die Wiesen des römischen Volkes*, und ein Armeleuteviertel ist der *Rione Testaccio* geblieben, vor allem entlang der *Via Ostiense*, wo in einer Seitenstraße die *Lotta continua* gemacht wurde.

Der Berg ist grün, betreten verboten, und drumherum ist es still. In Hütten, Baracken und kleinen verschachtelten Häusern scheinen noch ein paar Werkstätten und Wohnungen zu sein, aber die Gegend ist fast schon verlassen und liegt brach. Auch der riesige Schlachthof hinter dem Berg, am Tiberufer, ist am Verfallen.

In meiner Jugend feierte auf diesem Platz der Fleischhandel seine Rinderhälften, gab es einfache, gute Lokale, glitten glitzernde Straßenkreuzer durch das Gedränge der Händler, Huren, Diebe, Vespas, Metzger, Hausfrauen, Bettler, Schmarotzer, Handlanger, Stoßkarren, Schulkinder, stolzen Polizisten und flinken Zigarettenschmuggler. Heute wirken die niedrigen Häuser gegenüber der Marktpolizei, die pompöse Empfangshalle des Fleischmarkts, die Séparées der Zocker wie eine zerschlissene Kulisse.

Abfall und Sperrmüll an den Rändern, die große Waage und die Schwemme zerbrochen, die Fassaden verschmiert, die Fensterhöhlen leer oder zugemauert. Noch rasch ein paar Fotos, bevor alles abgerissen oder edel saniert wird. So könnte es kommen. Es gibt schon eine Nobeldisco, ein Off-off-Theater, ein Café mit Klingel, und aus dem Schlachthof könnte man ein Kulturzentrum machen.

Irgendwie traurig umkreisen wir das zweitausendjährige Wahrzeichen eines Pöbels, den es nicht mehr gibt, setzen uns in den Bus und fahren raus zum Elektrizitätswerk.

Dependance

An der *Via Ostiense*, auf halbem Weg zur Kirche des Apostel Paulus, hat man der Vergangenheit bereits den richtigen Stil verpaßt, der sie vor der Abrißbirne bewahrt.

Die *Centrale Montemartini* sieht aus wie das Kurhaus eines bürgerlichen Badeortes um die Jahrhundertwende. Sie hat eine elegante geriffelte Fassade im protorationalistischen Stil, hellgelb. Davor Palmen, Kandelaber und zierliche Stehlampen auf dem Geländer der Freitreppe. Schlanke Bogenfenster bis fast auf den Kiesweg.

Nichts erinnert an ein Elektrizitätswerk, und doch jubelte der *Messagero* am 2. Juli 1912: »Seit gestern werden die neuen Stadtviertel zwischen Porta Flaminia und Vatikan überflutet vom strahlendhellen Licht, das von der neuen städtischen Elektrizitätszentrale geliefert wird.«

Das war eine gute Nachricht: Bisher wurde dieses Gebiet nur vom Tiber überflutet.

An der *Via Ostiense* begegnen die Motoren, Turbinen, Pumpen und Leitungssysteme der Jahrhundertwende den Schmuckstücken der klassischen Archäologie und Kunstgeschichte von Barberini bis Winckelmann.

So schön wie hier sahen Dieselmotoren nie aus – fein gestrichen, nett abgesetzt, glatt poliert und gut ausgeleuchtet.

Die Schätze der kapitolinischen Museen aber sind plötzlich wie für eine Epoche jenseits der beschwerlichen Industriekultur unserer Großväter gemacht.

Nichts erinnert an den Schmutz, die Hitze, den Gestank von Dieselöl, die Ausbeutung und den Schweiß der Männer in einem Kraftwerk der ersten industriellen Phase, so wie die Originale und Kopien der berühmtesten Skulpturen der Welt noch nie etwas über die Massaker verraten haben, denen sich der Reichtum ihrer Besitzer verdankte.

In der zeitweiligen Dependance der kapitolinischen Museen ist die Präsentation das Kunstwerk. Design oder nicht sein. Der Eintritt ist happig, denn die Objekte gehören zwar dem Staat, aber das Konzept ist privat: Wohin mit den vielen Archäologen?

Wie wurde man Kaiser?

Auf dem Rückweg im Bus und später in einem der Cafés am *Campo de' Fiori* stellte sich dann doch eine Frage. Nach so vielen Statuen, Büsten, Porträtköpfen: Wie wurde man Kaiser?

Gut. Wie Augustus seinen Nachfolger bekam, ist bekannt. Da er nur eine Tochter namens Julia hatte, verheiratete er sie mit dem Sohn seiner einzigen Schwester Octavia und adoptierte ihn. Doch Marcellus starb früh. Augustus hatte Marcellus sehr geliebt, und Vergil mußte ihn besingen.

Er geriet also in eine Krise und tat etwas Merkwürdiges. Er verfiel auf Agrippa. Der war zwar der mächtigste Mann im Reich, aber kaum jünger als Augustus. Agrippa mußte sich scheiden lassen, Julia heiraten und wurde Nebenkönig und designierter Nachfolger.

Nun ereignete sich ein weiterer Zwischenfall. Julia gebar Agrippa u.a. zwei Söhne namens Gaius und Lucius, der ganze Stolz ihres kaiserlichen Großvaters. Nun hatte der gleich zwei potentielle Nachfolger. Er adoptierte sie und überschüttete sie mit Würden und Reichtum. Der *Hain der Cäsaren* am rechten Tiberufer war ihnen gewidmet.

Aber die herrlichen Enkel starben, kaum daß sie Mannesalter erreicht hatten, und da inzwischen auch Agrippa verstorben war, stand der Erlauchte plötzlich mit leeren Händen da.

In dieser schwierigen Lage erinnerte man sich bei Hofe an einen Mann, der schon halb vergessen war. Er hieß Tiberius und war schon einmal als Regent im Spiel, als Agrippa starb und die Enkel erst acht und fünf Jahre alt waren. Tiberius und Drusus waren Söhne der Livia, also Stiefsöhne des Kaisers, und beide zeigten gute Ansätze. Aber Drusus starb früh, und so wurde Tiberius ausersehen, eine allfällige Vakanz auszufüllen.

Das Bindeglied war wiederum Julia, die einen etwas zweideutigen Ruf besaß. Tiberius, der glücklich verheiratet war, wurde veranlaßt, sich scheiden zu lassen und Julia zu heiraten, die nach dem Tod Agrippas wieder frei war. Doch schon bald verkrachte sich der Ehemann wider Willen mit Frau und Schwiegervater, ließ alles stehen und liegen und verbannte sich selbst nach Rhodos.

An ihn erinnerte man sich, als Gaius und Lucius beigesetzt waren. Er wurde gerufen, erhielt die *tribunica podestas*, wurde vom Kaiser adoptiert und zum Nebenkaiser berufen. Zugleich wurde auch, ein Jahr vor dem Tod des Kaisers, die Nachfolge des designierten Nachfolgers Tiberius geregelt.

Tiberius wurde beauftragt, zwei Knaben zu adoptieren, nämlich den dritten Sproß aus der Ehe Julia – Agrippa, einen gewissen Tiberius Agrippa Postumus, und den Sohn seines Bruders Drusus, einen gewissen Germanicus, der, glaube ich, der Vater von Kaiser Caligula war.

Im Beinamen *Postumus* war angedeutet, daß Julia bereits Witwe des Agrippa war, als sie den Knaben bekam. Germanicus war der Sohn einer Tochter der Schwester des Kaisers und mit Julias Tochter Agrippina verheiratet, war also zugleich der Schwiegersohn der Tochter des Kaisers und sein Großneffe, und so konnte man im alten Rom Kaiser werden, als die Herrscher noch irgendwie miteinander verwandt waren.

Das war später nicht mehr nötig. Es war zu umständlich. Schon Vespasian wurde Kaiser (69 n. Chr.), weil er die bessere Armee hatte.

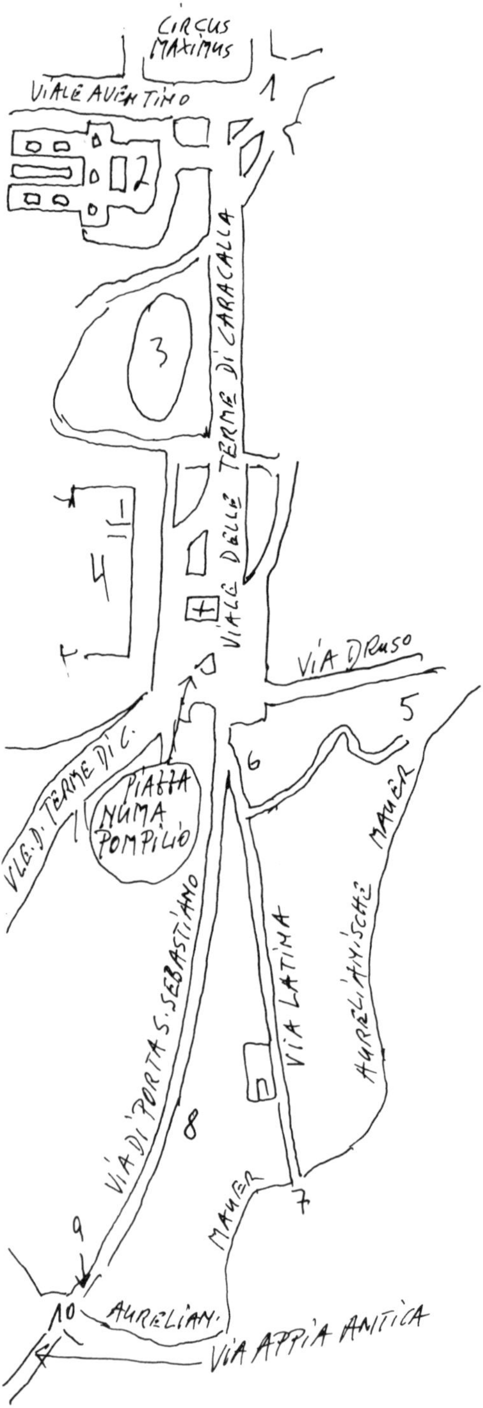
CIRCUS MAXIMUS
VIALE AVENTINO
1
2
3
VIALE DELLE TERME DI CARACALLA
4
VIA DRUSO
5
6
VLE. D. TERME DI C.
PIAZZA NUMA POMPILIO
MAUER
AURELIANISCHE
VIA LATINA
VIA DI PORTA S. SEBASTIANO
8
MAUER
7
9
10
AURELIAN.
VIA APPIA ANTICA

SIEBTER SPAZIERGANG

Wo Goethe saß

Bildbeschreibung

»Tischbein malt mich in Lebensgröße als Reisender«, notierte Goethe in der *Italienischen Reise* und resigniert: »Es gibt ein schönes Bild, nur zu groß für unsere nordischen Wohnzimmer.«

Die zwei lernten sich in Rom in einer Locanda kennen. Tischbein lebte in einer Wohngemeinschaft bei einem Kutscher in der Via del Corso 18, und Goethe zog als *deutscher Maler Filippo Miller* in die Stube nebendran.

Das Bild kennt jeder. Vor allem Goethes pompösen Hut, der aussieht wie eine fliegende Untertasse, den weißen Poncho und vielleicht auch das rechte Bein mit der seitlich geschnürten engen Hose und die pummelige Wade.

BILDLEGENDE

Piazza di Porta Capena (1) (2)
Via delle Terme di Caracalla (3) (4)
Piazzale Numa Pompilio
Via Latina (5) (6) (7)
Via di Porta di S. Sebastiano (8) (9) (10)

(1) *Porta Capena*, Obelisk von Axum / (2) FAO-Welternährungsorganisation / (3) Sportplatz / (4) Caracalla-Thermen / (5) Hain der Nymphe Egeria / (6) *Heiligtum der Fortuna muliebris* / (7) Porta Latina / (8) Mausoleum und Park der Scipionen / (9) Drusus-Bogen / (10) Porta di S. Sebastiano, Mauermuseum

Der Dichter sitzt auf einem zerbrochenen Obelisk wie auf einer Ottomane. Das linke Bein ausgestreckt, das andere lässig nach unten. Das rechte Auge blickt ernst und braun am Maler vorbei, und ihre Blicke kreuzen sich ziemlich genau in der Bildmitte. Das heißt in der Bildsprache, daß die beiden sich ideal ergänzen.

Aber wo saß er wirklich? *Goethe in der römischen Campagna* heißt das Gemälde, aber Campagna gab es nördlich wie südlich von Rom, und sie war groß, bevor sie zugebaut wurde. Natürlich helfen die übrigen Bildzeichen weiter.

Neben Goethe ein hoher Fries, darauf zwei ältere Damen in Toga und zwei nackte Jünglinge. Im Hintergrund ist ein monumentaler Rundbau zu sehen, daneben drei Bögen, am Horizont eine Hügelkette, davor sehr klein und fern der feine Strich eines Aquädukts fast über der ganzen linken Bildhälfte, und das obere Drittel ist grauer Himmel, wolkenverhangen.

Damit ist der Ort praktisch entschlüsselt. Basreliefs fanden sich häufig an römischen Mausoleen, der Abschied von Frau und Mutter, der Totengeleiter, Goethe könnte also an einer Landstraße sitzen. Der Rundbau ist eines der bekanntesten Bauwerke der Antike: das Grabmal der Cecilia Metella, und die Bögen könnten zur Villa der Brüder Quintilii gehören.

Aquädukte auf freiem Feld sind nicht viele erhalten geblieben, aber einer in dieser Länge und Ausrichtung steht links der *Via Appia Antica*, und dann müssen das im Hintergrund die Albaner Berge sein.

Die Realität sah wahrscheinlich schon damals, 1786 im Dezember, ein bißchen anders aus, aber das macht nichts. Ein Bild ist kein Foto. Nicht realistisch abzubilden war seine Aufgabe. Die weltberühmte Churer Malerin Angelica Kauffmann, die zum Kreis um Tischbein/Goethe gehörte, suchte den Römer Plinius so heftig mit der Seele, daß sie ihm versehentlich zwei linke Füße malte.

Wir Heutigen glauben ja weitgehend, wir hätten Italien begriffen, wenn wir *Ciao, Salvatore* sagen können und wissen, daß in die *Pesto-Sauce* Parmesankäse gehört.

Das war vor 200 Jahren etwas anders. Vater Goethe, Caspar, schrieb eine *Italienische Reise,* und der kleine Johann mußte daheim italienische Lieder singen und italienische Literatur lesen. Im Original. Italienisch ist leicht zu lesen. Sprechen und verstehen ist schwerer, schreiben fast unmöglich.

Auch in Weimar, wohin Goethe als junger Mann kam, war Italienisch Umgangssprache. Anna Amalia, die Fürstin-Mutter, kannte die italienische Kultur in allen Sparten und besaß eine deutsch-italienische Freundschaftsgesellschaft. In Weimar mußte man Italien einfach lieben. Der eine hatte eine große italienische Bibliothek, der andere schrieb ein italienisches Wörterbuch, und Goethe schätzte auch die *Carmina priapeia* (die phallischen Lieder aus augusteischer Zeit).

Fein war alles, was aus Italien kam, und am feinsten war die Antike. Wenn Goethe sich mit den Emblemen der *Via Appia* malen ließ, so deshalb: Sie verkörperten die Einheit von Natur und Kultur, die entsteht, sobald die Kultur in Trümmern liegt, aber in aller Größe und Schönheit noch sichtbar ist.

Der historische Prozeß erreichte seine höchste Stufe, wenn die Natur die Reste der Kultur gnädig wieder in sich aufnahm, und danach war auch die Natur nicht mehr die gleiche, sondern quasi veredelt. Anders ist die jahrhundertelange Begeisterung des Nordens für die Ruinen des Südens nicht erklärbar.

Erster Versuch, die Via Appia Antica zu besuchen

Es ist ein normaler Wochentag, und wir wollen die *Via Appia Antica* besuchen. Auf dieser Straße wurde im alten Rom die südliche Kriegsbeute eingefahren. Sie begann an der *Porta Capena* (= Capua), also am *Circus Maximus*. Die erste Ausbaustufe unter dem Censor Appius Claudius, der auch die Wasserleitung *Acqua Claudia* bauen ließ reichte bis Castelgandolfo und wurde 312 v. Chr. eröffnet. Nach und nach wurde die Straße bis Benevent, Taranto und Brindisi verlängert. Von dort mit der Fähre nach Griechenland.

Die *Via Appia* folgte den Siegern. Vor allem das antike Pflaster. Bis Cecilia Metella ist die Straße asphaltiert, wegen der Autos, aber kurz danach beginnt das antike Pflaster. Kilometerweit.

Tief haben sich die Wagenräder im Lauf von tausend Jahren in die riesigen, polygonalen, an den Rändern gewölbten Platten eingegraben. Der Basalt wurde in den Albaner Bergen gebrochen.

Auf dieser unsterblichen Straße könnte man einiges besichtigen: die Kirche *Herr, wo gehst du hin?* (*Quo vadis*), die wir aus dem Film kennen (nach dem Roman von Sienkiewicz, der in Neapel lebte), das Grabmal der Priscilla, die *Colombari* der freigelassenen Sklaven des Kaiser Augustus und seiner Gattin Livia, die Katakomben der Juden und Christen, den Zirkus des Maxentius, das Grab der Cecilia Metella und dann immer geradeaus.

Colombari (*Taubenschläge*) nannte man die Urnenfächer in der Wand, die aussehen wie die Schließfächer im Keller meiner Bank. Die Sitte kam aus Karthago. In den Taubenschlägen der Livia ist jetzt eine Edelkneipe. Speisen im Grab. Die *Via Appia Antica* muß man gesehen haben.

Wir steigen also am *Circus Maximus* aus der Metro und diskutieren. Die eine Tochter rät zur Umkehr, die andere plädiert dafür, die zehn Kilometer zu laufen. Vielleicht sind es mehr. Das macht nichts, dann gibt es auch mehr zu sehen.

Der Kompromiß lautet, wir nehmen den Bus bis dorthin, wo der Verkehr links abbiegt und man nicht überfahren wird. Beide Töchter sind unzufrieden. Der einen sind fünf Kilometer Fußweg zuviel, der anderen zuwenig.

Vor dem Gebäude der Welternährungsorganisation stehen drei Beamte. »Verzeihung, wo fährt der Bus 760 ab?« – »Wohin soll der gehn?« – »*Appia Antica*.«

Die Herren sind uneins. Der erste: »Ach, so. Dahinten.« Der zweite: »Nein, dort drüben.« Der dritte: »760? Den gibt's nicht.«

Wir befolgen die Anweisung des zweiten und überqueren die vielbefahrene Allee, sechs Fahrspuren. Wir sind halb drüben, da winken die Herren: zurück, zurück.

»Wo wollten Sie hin?« – »Zur *Appia Antica*.« – »Dort hinten.«

Dort hinten ist keine Bushaltestelle, aber am Wegrand sitzen zwei Jungens und ein Mädchen. Alle drei kommen aus Mexiko und sprechen deutsch. Der Große hat lange in München gelebt. Sie wollen auch zur *Via Appia*.

Zwei dicke Männer kommen vom Sportplatz und empfehlen eine andere Haltestelle. Dort steht bereits eine Dame. »Stehen Sie schon lange?« Die Dame blickt auf die Uhr und nickt. Auf der Allee große Pinien. Drüben ein grüner Hügel, hinter uns gewaltige Ruinen. Die Dame blickt wieder auf die Uhr und geht. Nach einer Weile gehen auch die Mexikaner. »Pfüat di«, ruft der große.

Dafür kommen zwei Mädchen mit Rucksäcken. In vier Sprachen erkundigen wir uns, ob sie wissen, wie man zur *Via Appia* fährt. Sie schütteln die Köpfe. »Wir deutsch«, sagt die eine.

Gemeinsam betreten wir die Sportanlage neben den Thermen und erörtern das Problem. Der Portier vermutet, daß der Bus nur sonntags verkehrt, wenn die *Via Appia* für den Verkehr gesperrt ist.

»Nehmen Sie den Bus 628 ab *Piazza Numa Pompilio* und steigen Sie um in den 218er bis *Calixtus-Katakomben.* Ab da können Sie laufen.«

Der Fahrer des 628 hört sich unsere Klagen wortreich an. Alle Römer wissen, daß es schon lange keinen 760er mehr gibt. Er verspricht, uns die Stelle zu zeigen, wo wir nach rechts gehen müssen, zum 218er.

Wir durchfahren dichtbebaute Gebiete: *quartieri popolari*, einfache Leute, Straßennamen, die an römische Siege im südlichen Latium erinnern. Für mein Gefühl haben wir uns weit entfernt von unserem Ziel. Hinter einem großen Markt in einem Neubauviertel ruft unser Fahrer erregt:

»Da vorne, da vorne. Rechts rein, rechts rein. Da ist Ihre Haltestelle.«

Er ist so hingerissen, daß er rechts abbiegt. Die Fahrgäste im Bus springen auf und empören sich über die Änderung der Fahrtroute. Nun erkennt auch der Busfahrer seinen Irrtum. Er bittet seine Gäste um Verzeihung und schickt sich an, zurückzusetzen. Jemand muß aussteigen und die Fahrzeuge hinter dem Bus bitten, bis zur Kreuzung zurückzustoßen.

Wir steigen aus und regeln den Verkehr. Erfreut bemerken wir, daß wir an der Haltestelle Richtung *Via Appia* stehen. Der Bus 218 kommt. Die Mexikaner sind schon drin und die zwei Deutschmädels auch. Wir tauschen Erfahrungen aus.

Rom-Reisende reden viel darüber, wie man wo hinkommt, was wann geschlossen ist oder nach zehnjähriger Schließung wiedereröffnet wurde. Es gibt auch Objekte, die schon so lange geschlossen sind, daß man sie vergessen hat.

Die Katakomben

Bei den Katakomben biegt der Bus rechts ab, und wir müssen aussteigen.

Die Katakomben wurden im frühen 19. Jahrhundert entdeckt und von der Kirche sofort zur Belebung des Glaubens benutzt. Pius IX. besichtigte mit großem Pomp die Krypta der Päpste in der Katakombe des Hl. Calixtus, wo neun Päpste und acht Bischöfe gefunden wurden. Inzwischen hat man siebenundsechzig dieser christlich-jüdisch-synkretistischen Begräbnisstätten ausgegraben. Sie entstanden seit dem 3. Jahrhundert und wurden meist von Gesellschaften betrieben.

Die Friedhöfe waren weder geheim, noch dienten sie als Versteck. Der im Latium häufige Tuffstein läßt sich schneiden, und die unterirdische Bestattung war wesentlich billiger. Zudem wurde die Landschaft nicht verschandelt.

Wir entscheiden uns für die *Calixtus-Katakomben*. Das bedeutet: die Antike mit der Eintrittskarte suchen. Man läuft eine Weile über Campagna mit Parkplätzen und erreicht einen zeitgemäßen Service-Bereich: Schalter, Toilettenanlage, Gastronomie, Andenken, geräumige Wartezone. Etwa zweitausend Wartende, nach Ethnien getrennt. Die Sprachgruppen werden durch Lautsprecher aufgerufen, sich zur Führung einzufinden.

Die deutsche Gruppe besteht aus etwa dreißig Personen. »Bitte die Plattform vollmachen, damit alle mich hören können!« ruft der Führer, ein humoriger Salesianer. Er sagt: »Lasset die Kindlein zu mir kommen.«

Die Katakombe hatte vier Stockwerke, aber wir besichtigen nur das Parterre, das natürlich oben liegt. »Stellen Sie sich vor, ein Haus, das Kopf steht, unter der Erde. Nur der Keller liegt über der Erde. Die Anlage hatte eine Gesamtfläche von fünfzehn Hektar und eine Ganglänge von zwanzig Kilometern. Hier lagen eine halbe Million Christen.«

Unter der Erde wimmelt es wie in einem Ameisenbau. Die Gruppen passieren die Schwerpunkte im Dreiminutentakt. An Kreuzungen stauen sich die Nationen. Ein Schwerpunkt ist die heilige Cäcilia, die Patronin der Musik. Noch im Tod streckte sie drei Finger aus, um ihren Glauben an die Dreieinigkeit zu bekennen. Ein weiterer Schwerpunkt sind die Märtyrer.

Der Führer ernennt mich zum Schlußmann. »Damit keiner verlorengeht.« Die Gänge schlagen unerklärliche Haken oder biegen einfach ab. Sie sind etwa zwei Meter breit und acht Meter hoch. Zehn Gräber übereinander. Man wurde seitlich reingeschoben. Davor kam eine beschriftete Platte. »Bitte beachten Sie die orthographischen Fehler.«

Wir bewundern einen Dachdecker, der von der Leiter fällt. »Damit man weiß, wer drinliegt. Kürzlich fragte mich eine Dame, wie die Leichenbestatter da oben drankamen. Na, wer weiß es?«

»Die Bestatter hatten lange Leitern.« – »Falsch. Wer weiß es?«

Keiner errät, wie die Leichen in sieben Metern Höhe bestattet wurden. Das ist die Stunde des Salesianers. »Man grub von oben nach unten. Wenn beide Seiten des Tunnels voll waren, legte man die Sohle tiefer.«

Neben den Katakomben liegt der *Platz der Märtyrer der ardeatinischen Steinbrüche*. Von dort ist es vielleicht einen Kilometer zur *Appia Antica*, aber da ist kein Durchkommen. Im Schrittempo drängeln sich die Autos durch die *Via delle Sette Chiese*.

Wir verschieben also unseren Spaziergang auf den nächsten Sonntag, wenn die Straße für den Verkehr gesperrt ist, und kehren mit dem 218er zurück in die Stadt.

Zweiter Versuch, die Via Appia Antica zu besichtigen

Wir beginnen wieder an der *Porta Capena*, am Südende des *Circus Maximus*. Die Römer nannten das Stadttor *die tropfende Pforte*. Die Leitung der *Acqua marcia* ging drüber hin, und die war undicht. Die Pforte ist längst verschwunden, dafür steht ein Obelisk am Straßenrand. Mussolini ließ ihn 1937 aus Äthiopien herbeischaffen.

Vor dem Tor warteten in der Antike die Fuhrwerke, denn erst nach der zehnten Stunde war es erlaubt, in die Stadt zu reiten oder zu fahren.

Zur Zeit von Numa Pompilio lebte hier draußen eine Quellnymphe namens Egeria, die der König nachts besuchte, um sich politischen Rat zu holen. Sein Plan war, die römischen Männer durch Einführung religiöser Bräuche etwas friedfertiger zu gestalten. Das mißlang ihm bekanntlich.

Numa Pompilio, 715–672 v. Chr., war der erste König nach Romulus. Er stammte aus dem Sabinischen und war friedlich und fromm. Sein größter Nachteil: Die Historiker sind sicher, daß es ihn nicht gab.

In der Kaiserzeit war die Quelle der Nymphe Egeria in Marmor gefaßt, doch der heilige Hain war verwahrlost – vermutlich infolge des Fuhrbetriebs und des Gesindels, das sich herumtrieb.

Juvenal: »Die Musen sind vertrieben, es bettelt der Wald.« Heute erinnern nur noch zwei Mineralwasser-Marken an die Stelle: *Egeria* und *Acqua Marcia*.

Caracalla-Thermen

Der Weg führt an den *Caracalla-Thermen* entlang. Sie sind riesig. Richard Strauß hat sich von ihnen inspirieren lassen. Wir berechnen, wie viele Sklaven für den Betrieb benötigt wurden, und kommen auf knapp viertausend. Pro Besucher zwei Sklaven.

»Ich erinnere mich«, sage ich, »an eine Opernaufführung mit internationalen Stars in der *Exedra*, die früher mal eine Rotunde war, in der sich das *Caldarium* befand. Die Nacht war mild, die Damen und Herren trugen elegant, die Sterne leuchteten, die Akustik war miserabel, und die Elefanten sahen klein aus. Eine unvergeßliche Kulturschande.«

Nun wollen die Töchter den Ort besichtigen.

Die Thermen wurden im 3. Jahrhundert erbaut und waren die prachtvollsten. Die Seitenlänge betrug 330 Meter, der Zentralbau 220 mal 114. Stadion, Bibliotheken, Turnhalle, zahllose Gemächer, Marmor, Wasserspeier, Meisterwerke en masse.

Gerührt von so viel Größe, schlendern wir durch die Hallen. Die Dächer sind herabgestürzt, die Fußböden haben sich gesenkt, aller Schmuck und Zierrat sind abgefallen, triviale Absperrungen schützen den Besucher davor, in die Heizungsgänge und Lagerräume, Sklavenkasernen und Abwasserkanäle zu fallen. Und doch: Das Ding macht Eindruck.

In der Fußgängerzone

Im Weitergehen bestätigen wir uns, daß sich der Besuch gelohnt hat. Auch ohne Elefanten. Plaudernd erreichen wir die *Piazza Numa Pompilio*, wo ältere Herren im Smoking junge Partygirls verwöhnen. Sie haben Blumen und Geschenkpackungen in der Hand. Teure Autos stehen rum, Chauffeure, Parkplatzwächter und Bodyguards warten auf Befehle und Trinkgelder. Auf den Stufen einer unauffälligen Kirche steht ein Brautpaar.

Am Südrand der *Piazza Numa Pompilio* haben zwei Polizisten eine Straßensperre errichtet. Wir haben einen Sonntag gewählt für diesen Spaziergang, da ist die *Via Appia* Fußgängerzone.

Wir spazieren über die menschenleere Straße, links und rechts Mauern von mächtigen Bäumen überragt. Hier wohnen die Superreichen. Roberto Benigni soll sich, flüstert ein Alter mit Baskenmütze, soeben für fünfzehn Milliarden eine Villa gekauft haben. Er ist ehrlich empört, daß ein Schauspieler so viel Geld verdient.

Eine unscheinbare Tür führt in den kleinen Park der Scipionen. Links davon das Grab der Familie, rechts ein Taubenschlag, in dem Freigelassene des Kaiser Tiberius beigesetzt wurden. Die Scipionen waren alter republikanischer Senatsadel und haben Cäsar bekämpft. Familien wie sie meinte Mommsen, als er sagte, der römische Senat sei einst eine Versammlung von Königen gewesen.

Der Park ist baumreich, schattig und voller quirliger Sonntagsbesucher. Wenig Grün, viel nackter, sandiger Boden. Kinder rufen, Radios plärren, Eltern haben Tische mit Kuchen und Getränken aufgebaut, Omas üben Laufen, und die Luft ist voller Bälle.

Auf der anderen Seite des Parks liegt die *Via Latina*, die ein eigenes Stadttor besitzt. Es besteht aus großen weißen Blöcken, fast fugenlos, und ist schlichtweg schön. Über dem Tor befindet sich eine Galerie mit fünf eleganten Fenstern, seitlich zwei zylindrische Säulen.

An der *Via Latina*, die von der *Via Appia* im spitzen Winkel abzweigt, befand sich noch ein zweites Denkmal. Am vierten Meilenstein, unweit der archaischen Stadtgrenze, lag das Lager des Coriolan. Hier erwirkten die Mutter und die Frau des Helden das Ende der Belagerung. Brecht hat die Geschichte adaptiert. Das Matronengewand erwies sich als wirksamer als die Waffen der Männer. Der Ort sollte deshalb in keinem Frauenreiseführer fehlen, zumal Coriolan bei der Sache umkam.

Zur Erinnerung an das Ereignis gestattete der Senat die Errichtung einer Kultstätte zu Ehren der *Fortuna muliebris*, der Glücksgöttin der verheirateten Frauen. Priesterin war eine Frau, die in erster Ehe lebte, also nicht geschieden oder dauernd getrennt lebend, keine Jungfrau oder Witwe, keine Zweitehe.

Schon die Alten hat der Kult verwundert. Es war in Rom stets üblich, daß Priesterämter politisch waren und vom Senat nur an Männer vergeben wurden. Auch vom Opferdienst waren Frauen prinzipiell ausgeschlossen.

Das Besondere an dem Heiligtum war also, daß hier die verheiratete Frau ausnahmsweise dem erwachsenen, waffenfähigen Bürger und hohen Beamten gleichgestellt war. Das galt freilich nur einmal im Jahr, am 6. Juli, und war vertretbar, da die Kultstätte am äußersten Rand des geheiligten Stadtgebiets lag.

Wir gehen zurück zur *Appia Antica*, passieren den *Drusus-Bogen*, auf dem das Wasser für die *Caracalla-Thermen* die Straße überquerte, und stehen an der *Porta di S. Sebastiano*.

In einem Gebüsch seitlich des *Drusus-Bogens* verrichten zwei junge Frauen ihre Notdurft. Sie gehören zu einer Sechsergruppe aus Bayern in zünftiger Wanderkleidung. Die sechs Forscher sind erschöpft, verdreckt und haben viel durchgemacht. Sie sind eine Stunde vom Grabmal der Cecilia Metella hierhergelaufen. Es war ein Irrtum zu meinen, die Straße sei sonntags auch außerhalb der Mauern gesperrt. Mitnichten: Wo die Sehenswürdigkeiten beginnen, ist auch am Sonntag Härtestufe eins.

Wir beraten unser weiteres Vorgehen. Von der Stadt her ertönt ein Brausen, Autos stürzen heran und versuchen sich zwischen den engen Mauern zu überholen. Die zehnte Stunde ist vorbei. Die Polizisten an der *Piazza Numa Pom-*

pilio haben Feierabend. Nun ist auch dieser kurze Abschnitt lebensgefährlich. Wir flüchten uns in eine schmale Tür und gehen die enge Treppe hinauf.

Mauermuseum

In der *Porta di S. Sebastiano* ist ein kleines Museum untergebracht, wo alles gezeigt wird, was man über das römische Mauerwesen wissen muß. Man kann auch ein paar hundert Meter auf dem Wehrgang gehen. Erst hier zeigen sich die Dimensionen der aurelianischen Anlage. Die Mauer ist stadtseitig bis zum unteren Wehrgang aufgeschüttet und war praktisch uneinnehmbar.

Aus der obersten Turmstube schauen wir auf den Verkehr, der sich aus der Stadt in die *Via Appia Antica* ergießt. Das Grabmal der Cecilia Metella, wo Goethe saß und die Campagna beginnt, ist von hier aus nicht zu sehen. Dort erst wird der Verkehr seitlich abgelenkt.

Wir überqueren die Straße vor der Stadtmauer. Dort drüben hält der Bus 218, den wir schon kennen. Wir warten eine halbe Stunde lang, denn es ist Sonntag, wir fahren zum *Lateran* und steigen um in die Tram 30B, wir fahren vorbei an *S. Croce in Gerusalemme*, der *Porta Maggiore*, vorbei an den protzigen Fassaden der Gründerzeit in den nördlichen Stadtteilen.

Hier poltert der Geist der Kolonialzeit, des Jugendstils, der überladenen Fassaden eines längst verschollenen Bürgertums. Dann geht es bergab, wird kurvig, wir umrunden die *Villa Borghese* und fahren stadtauswärts, vorbei am Faschistenhügel *Parioli*, vorbei auch an den olympischen Stadien bis zum *Ponte Milvio*.

Die milvische Brücke

Der *Ponte Milvio*, wo die *Via Flaminia* den Tiber überquert, ist die letzte antike Brücke. Sie ist eigentlich mehr ein breiter Steg mit einem kleinen Brückentor. Vom südlichsten Stadttor bis in den äußersten Norden haben wir das Rom der Jahrhundertwende in einem großen Halbkreis umfahren.

An der anderen Seite des Stegs liegt ein großer Platz, der von einer imposanten, aber leider potthäßlichen Kirche behütet wird. Gründerhäuser, Bars, Lokale, viele Fahrradfahrer. Auch ein Fahrradverleih und eine Art Gartenwirtschaft warten am anderen Ende der *weichen Brücke*, wie die Römer den *Ponte Milvio* nennen, weil er so eingesackt ist. Es ist doch recht weit zu den Sehenswürdigkeiten der Gegend: flußaufwärts der *Ponte Flaminio*, flußabwärts das *Foro Italico*.

Goebbels hat die sechzig riesigen Nackedeis, die das *Marmor-Stadion* verunzieren, gleich nach der Machtübernahme besichtigt, Arno Breker, der damals Stipendiat der *Deutschen Akademie Villa Massimo* war, hat sie kopiert. Ein Graf, auch er ein Stipendiat der Akademie, nutzte die Gelegenheit, seinen jüdischen Nachbarn, den Maler Felix Nussbaum, abschieben zu lassen, indem er sich mit ihm prügelte. Nussbaum wurde von den Nazis ermordet, Breker wurde Hitlers Hofbildhauer und war nach 1945 ein begehrter Porträtist der westdeutschen Society.

Auch die Promenade zwischen der milvischen und der flaminischen Brücke ist sehenswert. Der *Ponte Flaminio*, von Mussolini als Triumphbrücke gedacht, ist ein perfektes Monument faschistischer Baukunst. Die Promenade am Tiber und der darüber angelegte Deich sind übersät mit Sperrmüll, Hausmüll und stinken zum Himmel. Auf dem Tiber wird gerudert. Auf der breiten Straße hinterm Deich ist wochentags ein lebhafter Markt.

Brot mit Speck und ein großes Bier im Radlertreff. Zurück mit dem Bus bis *Piazza del Popolo.* Der Weg in die Stadt, den alle zurücklegten, die, wie Goethe, durch die Wüste Maremma kamen, ohne den Strauchdieben in die Hände zu fallen.

Die Zeichen des Faschismus

Die Faschisten haben sich die Zeichen der Antike angeeignet. Das Symbol der Amtsdiener, die den hohen Beamten und Priestern den Weg freimachten, zum Beispiel. Es bestand aus einem Rutenbündel, *fasces* genannt. Von *fasces* leiteten die Arbeiterbünde im späten 19. Jahrhundert ihren Namen ab, wenig später wurde daraus das Wort *Faschismus.* Kein öffentliches Gebäude ohne Liktorenbündel. Mit dem Rückgriff auf den antiken Princeps wiederholte der italienische Führer (der *Duce*) ab 1932 dessen Geschichtsklitterungen. Die Adler auf der flaminischen Brücke sind die gleichen, die Augustus auf dem Sockel seiner Sonnenuhr anbringen ließ und die Romulus in den Himmel trugen.

Auch durch urbanistische Projekte versuchte man, Parallelen zu konstruieren. Der römische Norden war ein Mythos. Von Norden kehrten jahrhundertelang die Triumphatoren zurück, wenn wieder eine etruskische oder eine keltische Stadt gefallen war. Mit seinem Sieg über Maxentius in der Schlacht am *Ponte Milvio* begründete Konstantin der Große die letzte römische Blütezeit. *In diesem Zeichen wirst du siegen!*

Das alles verführte dazu, die neue Prachtbrücke in Sichtweite der historischen milvischen Brücke zu bauen. Die flaminische Brücke ist voller antiker Zeichen.

Im Stadtzentrum sind zwei Parallelen zu bewundern. Der große Platz, den Mussolini um das Mausoleum des

Augustus errichten ließ, und die Allee, die das Monument für Victor Emanuel und das *Kolosseum* verbindet: links die kaiserlichen Foren, rechts das *Forum Romanum*, die Schaltstelle des antiken Imperiums.

Für diese Allee wurde ein Kilometer historische Altstadt weggeschaufelt, wurden Zigtausende umgesiedelt.

Die Straße der Foren zeigte die geostrategische Richtung, in die das Imperium Mussolinis sich ausdehnen sollte: nach Süden. Der Norden war schon vergeben.

Fast an der Stadtmauer begann die faschistische Landnahme mit der Trockenlegung der pontinischen Sümpfe, auch sie ein Wink mit der guten alten Antike. Mit der Entwässerung der Sümpfe rund um den mythischen Palatinshügel begann irgendwann um 500 v. Chr. der Aufstieg zur Weltstadt.

Nun, 1932, sollte das Land im Süden bonifiziert werden. Ein Zeichen von 2500 Jahren Länge. Kein Teil Italiens war primitiver als die moskitoreiche und kaum bewohnte Sumpflandschaft zwischen Anzio und *Monte Circeo* am Meer und den Bergen jenseits der *Via Appia.*

Schwarze Büffel, die den Schlamm nicht fürchteten, lebten hier in einer grandiosen Urlandschaft. Die wenigen Hirten, heißt es, hatten seit langem die Sprache verloren und verständigten sich durch Schreie und Gesten.

Fast 200000 Hektar wurden in fruchtbares Land verwandelt und mit einer Reihe faschistischer Vororte bestückt: Latina, Sabaudia, Pontinia, Aprilia und Pomezia. Eine Million Quadratmeter wurden sofort wieder zugebaut.

Am Stadtrand sollte eine neuartige Musterstadt die Sieger empfangen: das EUR. Das Areal umfaßt etwa 400 Hektar und hat die Form einer fünfeckigen Wanze. Mussolini wollte hier 1942 eine Weltausstellung (*Esposizione Universale Roma*) unter dem Namen *Olympiade der Zivilisation* einberufen. Ab 1951 wurde das Stadtviertel fertiggestellt. Es enthält den in allen Musterstädten unerläßlichen weißen Kuppeldom, zahllose Verwaltungsgebäude, Ministerien, Wohnhäuser der höheren Preiskategorie, Museen, riesige Sportanlagen und vor allem viele große Parks.

Das EUR liegt an einer Hauptachse, die den Mittelpunkt schneidet, wo natürlich ein Obelisk steht. Er ist aus weißem Carrara-Marmor, 45 Meter hoch. Ein Relief, Replik der Säulen Trajans und Hadrians, kündet die Taten und lobt die Erfindungen Marconis.

Guglielmo Marconi, Nobelpreisträger für Physik, war ein Pionier der Telegraphie, gründete die *Marconi Wireless Telegraph Company* und erfand u.a. die Hohlspiegel-Richtantenne. Durch ihn definierten sich die Obelisken der römischen Kaiser als Vorläufer unserer heutigen Funktürme.

Der auffälligste und bekannteste Bau ist der *Quadrato della concordia* (Quadrat der Eintracht). Die Parallele zum *Kolosseum* und zu den antiken Säulengängen ist übertrieben. Die Fassade besteht rundum aus riesigen Fensterhöhlen – neun Bögen auf jeder der sechs überhohen Etagen. Insgesamt 216 Gewölbe. Da man nicht sieht, was sich im Inneren befindet, ist das quadratische Kolosseum baulicher Ausdruck der faschistischen Ideologie: kein Inhalt hinter einer großen rhetorischen Fassade.

Alles Pappe

Wir erreichen das EUR, indem wir die Metro nicht wieder an der *Porta Capena* verlassen, sondern bis zur Station *Fermi* fahren. Von dort sind es ein paar Minuten bis zum *Museum der römischen Zivilisation.* Der Bau wurde im Auftrag der FIAT entworfen und ist der reinste Faschismus.

Ein strenger, schnörkelloser Portikus verbindet optisch zwei identische Bauteile, die die *Piazza Giovanni Agnelli* flankieren. Tatsächlich ist der Verbindungsgang vorgelagert und unterirdisch.

Rampen, flankiert von feierlichen Säulen, führen zu den Portalen. Erstarrt wirken die fensterlosen, mit bossiertem Tuffstein verkleideten Fassaden, wie riesige unzugängliche Schatzkammern.

Die Metaphorik des Äußeren entspricht der Ausstellungsdramaturgie und dem Zweck des 1955 eröffneten Museums. Auf einer Fläche von 12 000 Quadratmetern wird in zehn Meter hohen Sälen auf einer Wandlänge von drei Kilometern die Geschichte Roms von den ersten Hütten bis zu Papst Gregor I. nachgestellt.

Durch den linken Schlitz erreicht man sofort das riesige Modell der Stadt zur Zeit Konstantins des Großen, das man auch in der Stadt für wenig Geld als Faltblatt kaufen kann. Dies ist das bekannte Rombild. Das Rom, das wir kennen, stammt aus dem 4. nachchristlichen Jahrhundert, in seiner letzten Blüte, keine hundert Jahre vor dem Umkippen.

Verblüffend, wenn man die riesigen Säle durchwandert, ist vor allem eins: »Welcher Mäzen und Sammler«, fragt man sich, »schaffte es, alle diese Schätze an einem Ort zu versammeln?«

Da steht der altlateinisch beschriftete Stein vom Comitium, wo Romulus starb. Da sieht man auf einem Altar die berühmte Darstellung seiner Zeugung: Mars schwebt ein mit wehendem Mäntelchen, Schild und Speer, natürlich nackt, während die unten im Grase liegende Vestalin Rhea Silvia mit offenem Haar und erhobenem Busen den Gott erwartet.

Der riesige Sarg aus schwarzem Porphyr aus der Kirche der heiligen Costanza an der *Via Nomentana*, der Krieger von Capestrano, ein Stück von der Schlacht am Ponte Milvio, der salutierende Augustus als Pontifex Maximus, der schwarze Kaiser Costantius, es ist alles da, was wir verstreut über die großen Museen der Welt wähnten, bis wir erkennen müssen: Es ist alles aus Pappe.

Dennoch, es lohnt sich. Das Museum erspart eine Weltreise. Was wußten die Alten über Deutschland? Die Landkarte des Eratosthenes von Kyrene, 246 v. Chr., zeigt es. Der Mann war Bibliothekar in Alexandria, erfand ein Sieb, um Primzahlen zu suchen, und berechnete exakt den Erdumfang. Der Rhein war ihm bekannt, Deutschland hieß *Celtica*, links in der Nordsee lag der Orkus, und eine Ostseeinsel in Küstennähe hieß Thule. Wir nennen sie Rügen.

Es sind nicht nur die Statuen, Sockel, Friese, Sarkophage und Piedestale, die das Museum so kurzweilig machen, sondern auch die Dinge des Haushalts.

Der Pflug war erfunden, Holz mit Eisenspitze, und man sieht Werkzeuge aller Art, Därme in Marmor, ein komplettes Armeehospital, Cäsars Kriegsinstrumente, Musikinstrumente, alles aus Wissenschaft und Technik, Literatur, Kosmologie und staatlicher Fürsorge, juristische Texte und Verträge. Inwieweit es in der Antike einen technischen Fortschritt gab, parallel zum Abbau der Bürgerrechte seit Augustus etwa, wird nicht thematisiert.

Man erledigt das Ganze locker in einer Stunde, geht dann rüber ins prähistorische Museum und trinkt in der Bar nebenan in Ruhe ein Bier.

Pigorini

Das *Museo Pigorini* geht noch schneller, da wir uns auf Rom und Umgebung konzentrieren. Die Sammlung zeigt die Vorgeschichte und führt zu der Einsicht, daß die meisten Stadtführer uns ein paar hunderttausend Jahre verheimlichen, wenn sie bei Romulus und Remus anfangen.

Rom ist uralt. Am Tiberufer nördlich der Stadt: zwei Manufakte, 430 000 Jahre alt. *Torre in Pietra* am nordwestlichen Stadtrand: zweiseitige Steinmesser, 300 000 Jahre alt. Am Aniene, Richtung Tivoli: ein Mann und eine Frau, Neandertaler, 100 000. Bei Tivoli, im Osten: die übliche Venus, also ohne Kopf und Beine, nur Bauch und Busen, 22 cm hoch, 25 000 Jahre alt. Eine jungsteinzeitliche Siedlung, 7 500 Jahre: in Ufernähe im See von Bracciano an der *Via Cassia.*

Der berühmte Metallfund von Ardea: 250 fabrikneue Eisenwerkzeuge, Hacken, Äxte, ein kompletter Eisenwarenladen, 750 v. Chr. Nicht vorstellbar, daß zur gleichen Zeit, dreißig Kilometer nördlich, nur ein paar hirnlose Hirten ihre Säuglinge gewässert und ziegenbeinige Waldschrate angehimmelt haben sollen.

So gestärkt machen wir uns noch einmal auf die Suche nach der *Via Appia Antica.* Wir durchqueren das EUR zum *Quadrato della concordia*, den vier Roßbändiger umrahmen, an jeder Ecke einer. Oben steht drauf, wer die Römer waren:

»Ein Volk der Dichter, der Künstler, der Helden, der Heiligen, der Denker, der Wissenschaftler, der Seefahrer, der Grenzüberschreiter.«

Gearbeitet hat offenbar keiner.

Dritter Versuch, die Via Appia Antica zu besichtigen

Wir nehmen den Bus 765 am Platz der Landwirtschaft und durchqueren das EUR. Eine Weile geht es über Land, Reste der Campagna, verlassene Felder. Die *Via Tor Carbone*, weit vor der Stadt, kreuzt die Straße der Straßen.

Wir blicken nach links, nach rechts. Etwas fehlt.

Da sind die kümmerlichen Reste der Grabmale, alle paar Meter ein Steinhaufen. Die Reste der Villa der Quintillii, auf dem Feld die Bögen der Wasserleitung, die albanischen Hügel, die klassischen Pinien. Es ist alles da, doch etwas fehlt.

Das Pflaster. Die großen unregelmäßigen, schwarzen Basaltsteine mit den tiefen Wagenrinnen.

Bagger werfen große Staubwolken auf, grauer Sand bedeckt knöcheltief die Straße, Arbeiter sitzen am Straßenrand, vor sich ein Häufchen Pflastersteine, die wir *Katzenköpfe* nannten. Kein Zweifel, die *Via Appia Antica* wird neu gepflastert. Einige Lose sind bereits fertig. Wenigstens kein Verbundpflaster.

»Was haben Sie mit den alten Steinen gemacht?«

»Rausgerissen.«

»Warum?«

»Waren kaputt. Da konnte man nicht mehr drauf fahren.«

»Aha, für die Autos.«

»Nein, nein, das wird jetzt Fußgängerzone.«

»Und die Leute, die hier wohnen?«

»Die dürfen fahren.«

Erschöpft und durstig schlurfen wir durch grauen Staub, über kleines Kopfsteinpflaster, an den hohen Mauern der riesigen Villen entlang. Videoüberwachung, Leibwächter, *cave canem*. Manchmal steht ein Tor auf. Dann sehen wir eine gepflegte Parkanlage, ein Schlößchen, antikes Gemäuer, einen Springbrunnen.

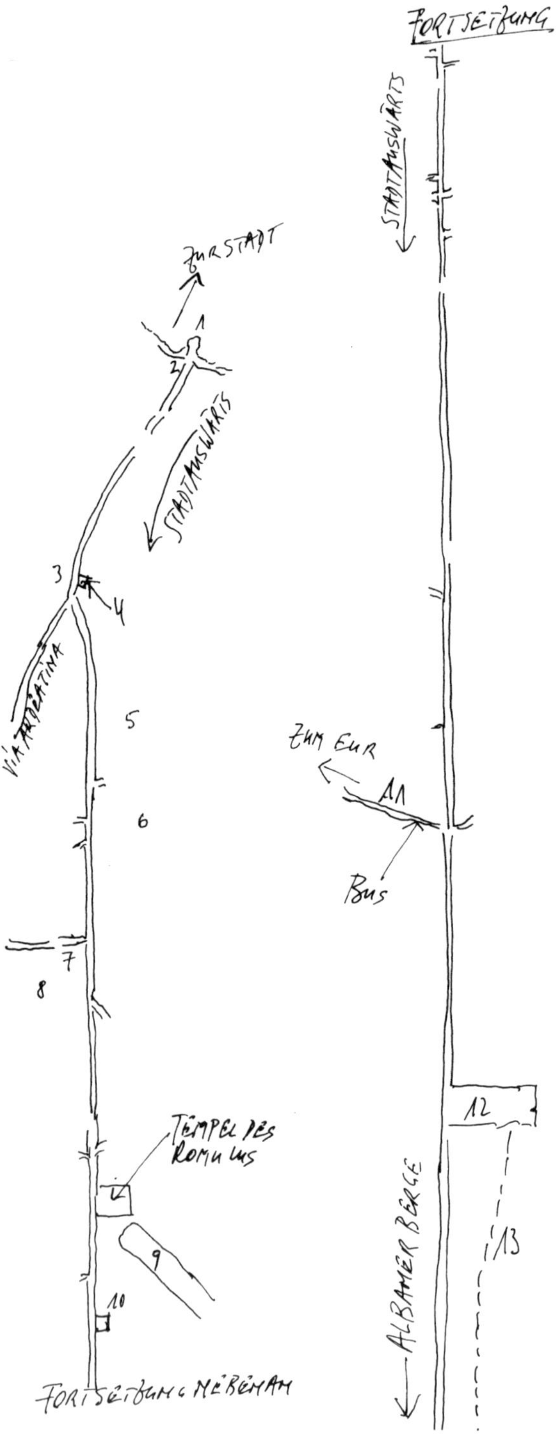
FORTSETZUNG
STADTAUSWÄRTS
ZUR STADT
1
2
STADTAUSWÄRTS
3
4
VIA ARDEATINA
5
6
7
8
TEMPEL DES ROMULUS
9
10
FORTSETZUNG NEBENAN
ZUM EUR
11
BUS
12
ALBANER BERGE
13

Wenigstens die ruinieren sich nicht mehr die Stoßdämpfer. Bis zum Grab der Cecilia Metella, wo Goethe saß, etwa fünf Kilometer.

Später besuchen wir ihn persönlich. Er steht hinter der Trabrennbahn in der *Villa Borghese*, nicht weit vom Stadttor *Porta Pinciana*. Wir fahren von der *Via Appia* mit dem Bus 660 zur Metro *Colli Albani* Linea A bis *Barberini* und laufen die *Via Veneto* hoch.

Goethe steht überlebensgroß auf einem Kapitell mit Umgebung. Ein Herr Eberlein hat das Monument vor knapp hundert Jahren geschaffen. Rechts wirft sich ein Mensch in den Schoß einer Matrone, links sitzt ein Greis mit Leier, daneben schürzt eine üppige Muse mit körperbetonter Gewandung den Busen.

»Kollege«, könnte ich sagen, »ich war an der Stelle, wo Tischbein dich gemalt hat. Stell dir vor, die *Via Appia* ist weg.«

Goethe blickt auch hier in die Weite. Ich vermute, er kann die Albaner Berge sehen. O Tod, o Gnade.

BILDLEGENDE

(1) Drususbogen / (2) Aurelianische Stadtmauer, Porta di S. Sebastiano, Mauermuseum / (3) Grab des Priscilla / (4) Kirche *Domine Quo Vadis?* / (5) Taubenschläge der Freigelassenen des Augustus / (6) Taubenschläge der Freigelassenen der Livia / (7) Katakomben des Calixtus / (8) Ardeatinische Steinbrüche / (9) Circus Maxentius / (10) Grabmal der Cecilia Metella / (11) Via Tor Carbone / (12) Villa der Quintillii / (13) Aquädukt

PIAZZA VENEZIA
TRAJANS FORUM
VIA DEI FALEGNAMI
PIAZZA CAIROLI
VIA DEL PORTICO
JUNO MONETA
WÖLFIN
ARX
10
MAMER-TINISCHER KERKER
VIA DEI FORI IMPERIALI
ASYL
VIA DEL TEATRO MARCELLO
2
3
JUPITER
CAPITOL
GÄNSE
SYNAGOGE
NABEL FORUM
9
TEMPEL D. VESTALINNEN
MAXENTIUS-BASILICA
VELIA
COLOSSEO
TIBERINSEL
FORO OLITORIO
VICO JUGARIO
4
VELABRUM
S. TEODORO
PALATIN
KAISER PALÄSTE ETC
PONTE CESTIO
ETRUSKISCHES UFER
PONTE ROTTO
PONTE PALATINO
5
PIAZZA BOCCA DELLA VERITÀ
7
8
6
CIRCUS MAXIMUS
CACUS
BONA DEA
CELIO

ACHTER SPAZIERGANG

Der Nabel der Welt

Segen bringt Regen

Ich stand mit dem Rücken zum Kapitol und starrte durchs Gitter auf ein Ruinenfeld, das man als *Bodenarbeit* bezeichnen könnte. *Area Sacra di S. Omobono* stand auf einem Schild. »Besucher wenden sich an die Abteilung AA.BB.AA., Via del Portico d'Ottavia, 29, Tel. 67103819.« Ich zitiere das, weil es auf jedem zweiten Schild steht.

BILDLEGENDE

Piazza B. Cairoli – Via dei Falegnami
Piazza Mattei (1)
Via del Portico di Ottavia (2) (3)
Piazza Monte Savello – Via del Foro Olitorio
Vico Jugario (4)
Via Petroselli
Piazza Bocca della verità (5) (6)
Via del Velabro (7) (8)
Via di S. Teodoro
Via del Foro Romano (9)
Piazza di Campidoglio (10)

(1) Schildkrötenbrunnen / (2) Portikus der Oktavia / (3) Marcellus-Theater / (4) S. Omobono / (5) Vesta-Tempel / (6) S. Maria in Cosmedin / (7) Janusbogen / (8) Cloaca Maxima / (9) Eingang zum Forum Romanum / (10) Seufzerbrücke, mamertinischer Kerker, Arx, S. Maria in Aracoeli, Asyl, Tabularium, Konservatorenpalast, Jupiter-Tempel, Orakel der Sibylle, Tarpeischer Felsen etc.

Neben mir sagte eine bekannte Stimme: »Sakratürki.« Es war der junge Mexikaner aus den Katakomben mit seinen beiden Geschwistern. Wir nickten uns zu und gingen unserer Wege.

Man trifft auf Spaziergängen in Rom stets die gleichen Leute, was daran liegt, daß die Wanderer Interessengruppen bilden.

Ich entsinne mich eines Ehepaars Mitte vierzig mit zwei fast erwachsenen Kindern. Sie spielten mit mir Hase und Igel, obwohl ich nur so abwegige Dinge besichtigte wie die Stelle, wo der Dichter Martial zur Untermiete wohnte. Man blickt weit über das Marsfeld vom Platz vor dem *Palazzo Quirinale*, wo es gestanden haben soll. Auch die Wohnungen der Kollegen Vergils und Horaz' auf dem Esquilin waren unauffindbar.

Ich versteckte mich schließlich in einem touristischen Markenartikel. Diese Kirche, eine gewisse *S. Maria Maggiore*, hatte ich in meinen vierzig Jahren Rom bis dahin nur einmal besucht, Heiligabend 1967, in Begleitung eines homosexuellen Kollegen, der von einem bestimmten Kardinal gesegnet werden wollte.

Es war dieser Abend, der mir die Kirche vergällte, obwohl sie auf den Ruinen eines großen Hauses aus der Zeit des Kaiser Augustus liegt. Das Schiff war überfüllt, vom Altar näherte sich eine Prozession, wir erhoben uns, der Kardinal schritt am Ende des Zuges und segnete das Kirchenvolk mit großen Gesten.

Er sah mich an aus schrecklichen Augen, er schien in mir den schlimmsten aller Heiden zu erblicken, und dann geschah es: Er hob den Arm mit der Wurfhand und schleuderte mir einen Segen entgegen, härter und schärfer als alle bisherigen. Bis in die Eingeweide traf er mich wie ein Schnaps auf nüchternen Magen.

Draußen regnete es, und alle Kneipen waren offen.

An dieser Stelle wäre ganz allgemein etwas über die Sitten der Rom-Besucher zu sagen. Es gibt ein paar Methoden, ihnen aus dem Weg zu gehen. Zunächst meidet man alle Orte, wo ausländische Busse parken, wie die Katakomben an der *Via Appia*. Sodann schaut man sich die Postkarten an und meidet alle dort abgebildeten Motive.

Am Mausoleum des Kaiser Hadrian (der Engelsburg) ist zum Beispiel immer Gewimmel, und den Tiber entlang parken die Busse. An dieser Stelle stoßen mehrere Gruppen aufeinander: die Barocken, die Antiken, die Pilger und diejenigen, die ganz hedonistisch nur die zehn Top-events mitnehmen und zwischendurch mit einem Stück Pizza am Vierflüssebrunnen sitzen und die Füße wässern.

Es gibt auch Fleißarbeiter in kurzen Hosen, die den ganzen Reiseführer abhaken. Sie wirken abgehetzt und tragen schwer an der Fotoausrüstung. Meist ist es so geregelt, daß der Ehemann laut schwitzend aus dem Reiseführer vorliest, während die Gattin danebensteht, die Fototasche hält und vorgibt, zuzuhören.

Wir beginnen unseren heutigen Spaziergang an der *Piazza B. Cairoli*, nicht weit vom *Campo de' Fiori*, und besichtigen zunächst den Schildkrötenbrunnen auf der *Piazza Mattei*. Er hat, soweit ich weiß, nichts mit der Antike zu tun. Danach wird es ernst.

Das Ghetto der Juden

Die Situation der Juden im Römischen Reich ist bekannt aus antiken Quellen. Tacitus zum Beispiel oder Josephus Flavus. Sein *Jüdischer Krieg* ist ein richtiger Schmöker.

Römer und Juden lernten sich durch die Griechen kennen. Die meisten Juden sprachen nur griechisch. Je mehr von Griechenland die Römer eroberten, desto mehr Römer lernten die Juden kennen. Im letzten Jahrhundert v. Chr.

wurde auch Palästina unterworfen. Natürlich haßten die fundamentalistischen Juden die freigeistigen Römer mit ihrer Vielgötterei.

Die weltliche Oberschicht betrachtete die Römer dagegen als Schutzmacht, vor allem innenpolitisch. König Herodes der Große, den wir aus der Bibel kennen, war eine Marionette Roms und weilte häufig in der Stadt. Er diente nacheinander Cassius, Antonius und Augustus und überstand alle Wirren nach Cäsars Tod.

Noch in der frühen Kaiserzeit waren die Bedingungen der römischen Juden normal. Augustus achtete den Sabbat, verschob seinetwegen die Getreideausgabe, und Caligula hatte einen jüdischen Freund. Aus Alexandria, wo sehr viele Juden lebten, kennen wir fingierte Prozeßakten, in denen die dortigen Griechen ihre Empörung über die judenfreundlichen Kaiser äußerten und die Prinzipien einer korrekten antisemitischen Gesinnung darlegten.

Der römische Antisemitismus begann erst mit dem jüdischen Krieg – Eroberung Jerusalems, 70 n. Chr., Titusbogen auf dem Velia. In dem vierjährigen Krieg schlachteten sich jüdische Fanatiker auch gegenseitig ab. Die Probleme wuchsen unter Trajan, als die Diasporajuden einen Vernichtungskrieg gegen die Heiden begannen. Der Anlaß ist unbekannt, vermutlich im Antisemitismus der Hellenen zu suchen. Die Folgen waren verheerend. Auf Zypern wurden 240 000 Griechen ermordet, in Afrika noch mal 200 000.

Der Aufstand des Bar-Kochba, der sich zum Messias ausrufen ließ, war der letzte Akt. Dabei waren die Unruhen in Palästina auch eine Folge typisch römischer Ignoranz. Kaiser Hadrian wollte Jerusalem sanieren, in *Aelia Capitolina* umbenennen und einen Jupitertempel bauen. So was konnte man mit den Germanen machen, aber nicht mit den Palästinensern.

Noch einmal, 132 n. Chr., gelang es den Judäern, einen autonomen Staat zu gründen, aber der römische Gegenstoß war unbarmherzig. Nach der Niederlage wurden so viele Juden außer Landes verschleppt, daß die Preise auf den Sklavenmärkten verfielen. Juden kriegte man unter Hadrian fast umsonst.

Eine jüdische Wohnbevölkerung in Rom gab es zunächst jenseits des Tiber, im heutigen Trastevere. In der Kaiserzeit gestattete man eine Ansiedlung auch links des Flusses entlang der heutigen *Via del Portico d'Ottavia*. Das Gebiet lag tief, und die Häuser standen oft bis zum zweiten Stock unter Wasser. Nasse Füße hatte man da jeden Winter.

Vom 16. bis ins 19. Jahrhundert ließen die Päpste die Straße absperren. Es entstand das Ghetto. Noch in den 60er Jahren hörte man hier Jiddisch, gab es gute, auch koschere Eßlokale und kleine Läden, vor allem Textilhändler. Inzwischen hat man begonnen, das ganze Viertel zu sanieren, und man braucht viel Spürsinn, um zu bemerken, warum um die Ecke am Tiber eine große (1904 erbaute) Synagoge steht.

Metamorphosen der Antike: Die Säulenhalle der Oktavia

Die Hauptstraße des Ghettos verdankte ihren Namen dem *Portikus der Oktavia*. Oktavia hieß die Schwester des Kaiser Augustus, der den viereckigen Portikus aus dem 2. Jahrhundert v. Chr. restaurieren ließ. Man ging dort spazieren, auch in den Theaterpausen. Wandgemälde und griechische Skulpturen sorgten für ein angenehmes Ambiente, eine große öffentliche Bibliothek im Geviert für das geistige. Der Portikus umschloß auch die Tempel der Juno Regina und des Jupiter Stator.

Was heute zu sehen ist, gehörte zur Eingangshalle. Ein Teil der Propyläen wurde im Mittelalter zugemauert und erhielt einen romanischen Bogen. Rechts davon eine Marmortafel mit der lateinischen Aufschrift:

»Die Köpfe der Fische, die länger sind als dieser Marmor, gehören bis zu den ersten Flossen den Konservatoren.«

Was die Konservatoren, die auf dem Kapitol saßen und die Hypotheken verwalteten, mit den Köpfen machten, müßte man rauskriegen. Vermutlich Fischsuppe.

Seit 770 n. Chr. steht im Portikus die Kirche *S. Angelo im Fischmarkt*. Der romanische Bogen bildete den Eingang. In dieser Kirche versammelten sich die Anhänger des Volkstribunen Cola di Rienzo in der Pfingstnacht 1347, um das Kapitol zu erobern und die römische Republik nach antikem Vorbild zu erneuern.

1354 wurde Rienzo durch den Stadtadel umgebracht. Roman von E. Bulwer-Lytton 1835, *The Last of the Tribunes*. Richard Wagner las die deutsche Übersetzung 1837, und schon 1842 wurde seine Oper *Rienzi* in Dresden uraufgeführt.

Das Theater des Marcellus

Das *Marcellus-Theater* steht so dicht neben dem *Portikus*, daß man den Durchgang suchen muß. Die Reiseführer sind uneins, wie viele Plätze es hatte. Ich habe vier konsultiert. Sie sagen: 10 000, 14 000, 15 000 und 20 000. Drei Stockwerke hatte die Fassade mit je einundvierzig Bögen und ähnelte dadurch dem *Kolosseum*. Dorisch das Parterre, ionisch der erste Stock, korinthisch der dritte. Die Ränge reichten bis zur Oberkante der zweiten Etage.

Die Bauherren waren Cäsar und Augustus. Gewidmet war es dem Neffen und Schwiegersohn des Augustus. Er starb jung. Vergil widmete ihm rund fünfzig Verse seiner *Aeneis*:

»Schau, wie Marcellus dort im Schmuck erbeuteter Waffen herrlich schreitet und ragt aus allem Volke! Denn kein troischer Sproß wird je latinischer Ahnen Stolz und Erwartung sein, ihm gleich. Des Romulus Lande werden sich nie fortan solch herrlicher Blume berühmen. Streut Lilien, füllet die Hände mit Rosen.« Etc. etc. Kein gewöhnliches Stadttheater also.

Bis Ende der 20er Jahre war das Theater rundum bis zur Höhe der untersten Fensterreihe zugeschüttet. In den Gewölben waren billige Läden, die man auf volkstümlichen Bildern sieht. Die Freilegung erfolgte, als Mussolini das dichtbesiedelte Armeleuteviertel zwischen dem Ghetto und dem Kapitol abreißen und die breite Straße zum Tiber anlegen ließ.

Mit dem Abriß des Theaters begann man schon Ende des 4. Jahrhunderts. Damals wurden das Bühnenhaus und große Teile des *Portikus der Oktavia* zum Wiederaufbau der *Cestius-Brücke* verwandt, die von der Tiberinsel nach Trastevere führt. Im 12. Jahrhundert wurde der oberste Kranz abgerissen. Auf den Rängen wurde ein Palast gebaut.

Seit dem 18. Jahrhundert residierten hier die Orsini: päpstlicher Adel seit der Stauferzeit. Der Palast ist aufgeteilt in Luxusappartements und Büros. In den späten 70er Jahren wurde im Appartement einer adligen Dame der Präsident der Christdemokraten, Aldo Moro, gefangengehalten. Der Untergrund ist noch immer nicht völlig erforscht. Im Parterre des Theaters liegt der Garten der Orsini. Rechts daneben das *Antico Cafè al Teatro di Marcello* mit Blick auf den Kapitol.

Velabrum

Ein Dreieck bildete das sogenannte *Velabrum*, das Tal zwischen Kapitol und Palatin. Seine Grundlinie war gewölbt wie der Fluß und reichte vom *Marcellus-Theater* bis zum Nordwesthang des Aventin. Die Spitze des Dreiecks weist auf den *Nabel der Stadt*.

Als *Nabel*, auch *Mundus* (Welt), bezeichneten die ersten Italiener kleine Inseln, die uneinnehmbar waren, da sie im Sumpf lagen. Von den *Inseln der Seligen* erzählten die Legenden. Sümpfe waren sicherer als Mauern.

Der römische *Nabel* liegt auf dem *Forum Romanum*, hinter den *Rostra*, neben dem Bogen des Septimus Severus unterhalb des Kapitols. Von der *Seufzerbrücke* aus sieht man ihn am besten. Er ist kreisrund, Höhe und Durchmesser betragen je etwa zwei Meter. Eine dünne Ziegelsteinwand, auf der ein Marmorring liegt, umgibt einen gemauerten Zylinder, der den Ring etwas überragt.

Wie es scheint, war der *Nabel* eine unterirdische Kultstätte, die dreimal im Jahr geöffnet wurde. Cato, Plutarch u.a. erwähnen den Ort. Auffällig ist die Nähe zum *Grab des Romulus* und die Tatsache, daß *Mundus* zugleich *Mund* und *Grab* assoziiert.

Schon in der Antike wurde der römische *Mundus* aber auch mit *Roma Quadrata*, also der von Romulus gegründeten Stadt, gleichgesetzt und dementsprechend auf dem Palatin lokalisiert.

Ovid erzählt: Romulus grub eine Grube, warf Früchte und Erde aus der Nachbarschaft hinein und schloß sie mit Erde. Darüber errichtete er einen Altar, entzündete ein Opferfeuer und markierte dann mit dem Pflug den Mauerring. In Reisefeuilletons wird deshalb oft das Gerücht kolportiert, *Mundus* habe sich an der Kreuzung der zwei Hauptstraßen auf dem Palatin (*Cardo* und *Decumanus*) befunden. Wer in Rom einwandern wollte, mußte von daheim etwas Erde mitbringen und in die Grube werfen.

Die Anziehungskraft einer solchen trivialen Konstruktion auf moderne Menschen, die einen seltsamen Heimatbegriff haben und den Gedanken an Blut und Boden nicht loswerden, ist verständlich.

Das dreieckige *Velabrum* gehörte zu einem Sumpf, der den Palatin an drei Seiten umgab, sich in der Senke des *Kolosseums* zu einem See weitete und auch den Bereich des späteren *Forum Romanum* unsicher machte. Erst durch die *Cloaca Maxima* wurden die Niederungen um den Palatin bebaubar.

Wer sie baute, ist unbekannt. Die Legende ernannte den letzten römischen König, Tarquinius Superbus, der 510 v. Chr. von einem Brutus gestürzt wurde, zum Bauherrn. Die Historiker bestreiten jedoch, daß es ihn gab.

Die Entwässerung begann oben im *Argiletum* und sammelte das Wasser von den Hügeln im Norden. *Argiletum* hieß die Hauptstraße durch die dichtbesiedelte *Subura* parallel zur heutigen *Via Cavour* zwischen der *Via dei Fori* und der Metro-Station Cavour.

Laut Plautus war die *Cloaca* lange Zeit ein offener Kanal. Für die Stadtentwicklung war sie lebenswichtig. Sie wurde deshalb häufig erneuert.

Heute ist das Dreieck des *Velabrum* eine stille, feine Wohngegend, aber immer noch ragt am *Vico Jugario* die Felsenwand des Kapitols schroff in die Höhe und erinnert daran, daß es als schonende Hinrichtungsmethode galt, die Delinquenten vom *tarpeischen Felsen* zu stoßen.

Auf der anderen Seite des *Vico Jugario* liegt *S. Omobono*, eine winzige, unbedeutende Kirche. Hier stand, lange vor uns, direkt an der servianischen Mauer und der *Porta Carmentalis*, der *Tempel der Mater Matuta*. Man hält ihn für das älteste noch sichtbare Heiligtum der Stadt, aber seine eigentliche Bedeutung liegt darin, daß er Zeugnis gibt von einer noch älteren Kultur auf dem Kapitol.

Die Ausgrabungen zwischen 1937 und 1986 lassen ein paar seltsame Schlüsse zu. Auf einem alten Opfergraben wurde im 6. Jahrhundert v. Chr. ein Tempel errichtet, der schon Ende des Jahrhunderts wieder zugeschüttet wurde. Auf dieser Verschüttung entstand Anfang des 5. Jahrhunderts v. Chr. der unter und neben *S. Omobono* entdeckte zweite Tempel, von dem nicht nur Mauern und Altarreste, sondern auch Teile der Giebeldekoration aus Terrakotta erhalten sind, die man im Elektrizitätswerk an der *Via Ostiense* sehen kann.

Interessant ist das Material der Verschüttung des ersten Tempels. Ein Teil stammt aus einer Siedlung, die zwischen dem 16. und dem 12. Jahrhundert v. Chr. auf dem Kapitol stand. Weiteres eisenzeitliches Material und archaische Keramik aus Griechenland stammten aus dem 8. und 7. Jahrhundert.

Über die Kultfeier ist folgendes bekannt: An den *Matralia* (11. Juni) begaben sich die Matronen vornehmer Herkunft zum *Tempel der Mater Matuta*. Eine Sklavin wurde hineingestoßen und wieder herausgeholt. Sodann nahmen die Matronen die Kinder ihrer Schwestern auf den Arm, liebkosten sie und empfahlen sie der Göttin, die auch für die Niederkunft und das Stillen zuständig war.

Es gibt eine einleuchtende Erklärung für das Ritual. Die Sklavin verkörperte die Finsternis. Aurora dagegen, die Mutter der Morgenröte, vertrieb nicht nur die Finsternis.

Sie stand auch für Fruchtbarkeit und Leben. In den *Matralia* verglichen die Ehefrauen und Mütter der römischen Nobilität sich mit der Göttin des Lichts.

Die sublizische Brücke

Hinter und unter dem jetzigen Einwohnermeldeamt (der *Anagrafe*), gegenüber von *S. Omobono*, lagen zwei Foren, die selten erwähnt werden. Das *Foro Olitorio* war der Gemüsemarkt, das *Foro Boario* der Rindermarkt. Zwei Kulturen hielt der Tiber am Rindermarkt auseinander. Im Norden die kleinasiatischen Etrusker. Noch Horaz spricht vom *etruskischen Ufer* – das *vejentanische* in anderer Lesart, die bis in die Kaiserzeit Usus war. Von Veji, Roms alter Konkurrentin. Im Süden siedelten Latiner und Volsker, denen sich Samniter und Griechen anschlossen.

Eine Furt verband die Ufer. Die Salzstraße aus den Sabiner Bergen nahm diesen Übergang. In der Königszeit kam eine Brücke hinzu, der *Pons Sublicius*, südlich der jetzigen *palatinischen Brücke*. Zugeschrieben wurde ihr Bau dem vierten König Ancus Martius, der ebenfalls nicht nachweisbar ist. Er soll auch die Hafenstadt Ostia erbaut haben.

Die sublizische Brücke war aus Holz, aber mit ihrer skurilen Gewohnheit, die alten Sitten zu bewahren, auch wenn keiner mehr wußte, welchen Sinn sie hatten, hielten die Römer an dieser Bauweise bis in die Kaiserzeit fest. Es gab längst perfekte, riesige Steinbrücken, als die sublizische noch immer in Holz restauriert wurde.

Livius hat den Grund beschrieben. Er war legendär. Tarquinius Superbus, aus Rom vertrieben, wandte sich an den etruskischen König Porsenna und bat um Unterstützung. Der Überfall der Etrusker erfolgte so plötzlich, daß es unmöglich war, die Brücke noch zu verteidigen.

In dieser aussichtslosen Situation befahl der Kommandant seiner Truppe, sich aufs Rinderforum zurückzuziehen und die Brücke unpassierbar zu machen. Er selbst kämpft gegen die Übermacht, die den Gianicolo herabstürmt. In letzter Minute bittet er den Flußgott um Rettung, springt ins Wasser und erreicht heil und gesund die Stadt.

Die Brücke wurde bald repariert, aber die Auflagebretter wurden fortan nicht festgenagelt, sondern nur verkeilt, damit man sie jederzeit rausreißen konnte.

In der Literatur wird die sublizische Brücke gern mit dem *Ponte rotto* verwechselt, den Resten der aemilischen Brücke. Doch die wurde erst um 170 v. Chr. errichtet und stand bis etwa 1600. Dann fiel sie einem Hochwasser zum Opfer.

S. Maria in Cosmedin

S. Maria in Cosmedin, die griechische Kirche am Südrand des Rinderforums, ist einer der Plätze, die man meiden sollte. Vor allem die Vorhalle ist überfüllt. An der linken Seitenwand hängt ein fast zwei Meter hohes Relief, das ein Gesicht darstellt. Es bildete das Endstück einer Wasserleitung.

Für die Touristen ist es eine Art Lügendetektor. Die Ehefrau steckt die Hand in den Mund der Scheibe, läßt sich vom Vater fotografieren, der flüstert ihr ins Öhrchen: »Gib zu, du hast einen Liebhaber«, sie kreischt: »Nein!«, und lacht schrill. Wer die Sitte erfunden hat und woher das Ding stammt, weiß man nicht. Ob je ein Lügner gebissen wurde, auch nicht.

Der erste Grieche auf diesem Platz hieß Evander. Er war vom Stamm der Pelasger. Die Arkadier hatten ihn verbannt. Faunus, der zweite König der Latiner, der drei Hütten weiter eine Höhle besaß, nahm ihn bei sich auf und ernannte ihn zum Nebenkönig.

Rund sechzig Jahre vor dem trojanischen Krieg gründete Evander eine Stadt auf dem Palatinshügel. Er herrschte auf dem Berg, Faunus im Tal. Die Römer behaupteten auch, Evander habe ihnen das Alphabet gebracht, aber das kam erst 500 Jahre später über Cuma nach Italien.

Der bekannteste Grieche auf dem Rindermarkt hieß Herkules. Der kleine runde *Tempel der Vesta* aus dem 2. Jahrhundert v. Chr. an der palatinischen Brücke war dem *siegenden Herkules* geweiht. Neben *S. Maria in Cosmedin*, die auf einer Säulenhalle aus der Zeit der Flavier steht, befand sich ein *Tempel des unbesiegbaren Herkules*.

Herkules verirrte sich nach Rom während seiner zehnten Heldentat. Er sollte die Rinderherden des Geryon heimführen, eine Anspielung auf die ehrwürdige Sitte, die Braut in Vieh zu bezahlen. Während seines Zuges durch Europa verlief er sich etliche Male und vollbrachte die üblichen Heldentaten.

So segelte er nach Libyen, wo er viele wilde Tiere der Wüste tötete, wandte sich westwärts und legte sich mit den Gorgonen und Amazonen an, errichtete die nach ihm benannten Säulen, kämpfte mit dem Sonnengott Helios und schoß der Göttin Hera einen Pfeil in die rechte Brust. In Nordspanien liebte er die Prinzessin Pyrene, nach der die Pyrenäen benannt wurden, in Gallien zeugte er mit einer Prinzessin den Stamm der Galater. Seine Spur zieht sich durchs Rhone-Delta, an der Cote d'Azur entlang nach Ligurien, wo er Straßen baute und Straßenräuber besiegte.

Am Tiber wurde er freundlich empfangen, durchschwamm den Fluß, trieb die Herde vor sich her und legte sich auf dem Rindermarkt ins Grasbett schlafen. Wie es scheint, nutzte Evander die Ankunft des berühmten Helden, um zwei innenpolitische Konkurrenten loszuwerden, seinen Förderer Faunus und den feuerspeienden Cacus. In der römischen Legende tötete Herkules beide, doch auch die Pelasger überlebten den Machtkampf nicht. Sie starben fast alle durch eine Hungersnot.

Die Legende hat sich als erstaunlich real erwiesen. Cacus, ein Sohn des Vulcanus, gehörte zum Volk der Siculer, die aus Rom nach Sizilien vertrieben wurden. Nach seinem Tod wurde die Trennung von Fabelwesen und Menschen vollzogen. Die Ureinwohner mutierten zu Latinern.

Auf Faunus, auch er ein Fabelwesen, folgte Latinus, der erste Mensch auf dem römischen Thron. Er war der dritte König der Ureinwohner, regierte von 1215 bis 1179 v. Chr. und nahm Aeneas als Nebenkönig bei sich auf.

Der Kampf zwischen Herkules und Cacus ist Literaturgeschichte. Cacus war ein riesiger, scheußlicher, dreiköpfiger Schafhirte, der Schreck und die Schande des Waldes auf dem Aventin-Hügel. Menschliche Schädel und Arme hingen an Nägeln über dem Türstock seiner Behausung. Innen leuchtete der Boden weiß vom Gebein seiner Opfer. Man braucht das nicht zu glauben: Der Feind ist immer ein Unhold.

Während Herkules auf seinem Grasbett schlief, stahl er ihm vier Kühe und zwei seiner schönsten Stiere. Um nicht entdeckt zu werden, zog er das Vieh am Schwanz hinter sich her, versteckte es in seiner Höhle und verschloß sie mit einem Fels, den zwanzig Ochsen kaum bewegen konnten. Doch Herkules schob ihn beiseite wie einen Kieselstein.

Bei dem Kampf ging ein Teil des Aventin in die Brüche. Vergil hat die Szene im achten Buch seiner *Aeneis* effektvoll beschrieben. Dort erzählt Evander seinem Gast Aeneas die Geschichte. In seiner Version hört der Kampf sich an wie ein Vulkanausbruch:

»Schon wölkt sich im Felsloch rußige, rauchige Nacht, Schwarzfinsternis, flammendurchzüngelt. Dann wird des Halbtiers ekeler Leichnam füßlings zutage geschleift. So bald ersättigt der Anblick niemandes Herz. Seither ehrt die Gemeinde den Gott.«

Durch die Cacus-Episode erfahren wir auch von einer anderen Kultstätte am Nordwesthang des Aventin, dem *Hain der Bona Dea* (der guten Göttin), in dem sich eine Quelle befand. Properz hat sie überliefert.

Der Kampf und die Hitze haben Herkules durstig gemacht. Er bittet die Priesterin, von ihrer Quelle trinken zu dürfen, aber Männer haben keinen Zutritt. Sogar die Veranstaltungen der Sekte in Privathäusern wurden entweiht durch männliche Gegenwart.

Bekannt ist der Skandal, den Clodius verursachte. Er verliebte sich in Cäsars Frau und schlich sich in Frauenkleidern in deren Haus, um an einer Feier der Bona Dea teilzunehmen.

Die Sache flog auf, und Cäsar ließ sich scheiden.

Natürlich verschaffte Herkules sich gewaltsam Zutritt zum Heiligtum, doch sein Durst war leichter zu besänftigen als sein Zorn. Vor seiner Abreise errichtete er einen großen Altar (die *Ara Maxima*) zu seiner eigenen Verehrung und verfügte, daß keine Frau jemals Zutritt zu seinem Heiligtum haben solle.

Ein großer viereckiger Tuffsteinsockel, auf dem *S. Maria in Cosmedin* steht, wird mit der *Ara Maxima* in Verbindung gebracht. Als Romulus fünfhundert Jahre später seine Urfurche zog, um die Grenzen von Rom zu markieren, bildete der Altar die südwestliche Ecke.

Janus und Saturn

Der *Janusbogen* wird überragt vom Palatin-Hügel, dessen üppige Vegetation auch von hier aus zu bewundern ist. Am Hang die Ruinen.

Der Bogen ist ein Kubus und hat vier Tore bis unters fast flache Dach, an jeder Seite eins. Er ist aus Marmor. Die Fassade ist anmutig gegliedert, konstantinisch, letzte Blüte. Zu beiden Seiten der Tore stehen, in zwei Etagen übereinander, je sechs romanische Nischen.

Tiberseitig ist der Platz vor dem Bogen vollgeparkt, dahinter ist es ruhig. Links der kleine, reich verzierte Bogen der Geldwechsler, neben *S. Giorgio in Velabro*. Wer vom Tiber her in die Stadt kam, mußte Geld wechseln. Auf der anderen Straßenseite ein Stück *Cloaca Maxima*, zwischen zwei Häusern. Eine Art Pergola überspannt den breiten Gang, der wie eine Hauseinfahrt wirkt. Blumentöpfe an den Seiten.

In Rom wurde der zweigesichtige Janus überall verehrt. Die Idee, ihn an die *Cloaca Maxima* zu stellen, war ein logischer Einfall. Er war der Gott des Rein und Raus, aller Torbögen und Hauseingänge. Er lernte bei Heraklit. Wir alle kennen das Problem, im Januar die richtige Jahreszahl zu schreiben. Wer in beide Richtungen blickt, ist vergeßlich.

Auf dem *Forum Romanum* stand lange ein Janus in einem Bogen, der nur zwei Türen hatte. Sie wurden nur geschlossen, wenn Frieden war. Offensichtlich glaubten die Römer, die Zeit bleibe stehen ohne Krieg. Zum Glück war der Tempel fast immer geöffnet.

In der antiken Mythologie ist Janus eine unerhebliche Randfigur. In Rom war er der Erste und Älteste. Daß er seine Macht irgendwann teilen mußte, liegt auf der Hand. Der erste, mit dem er sie teilte, war Saturn, der König der Siculer. Janus überließ ihm den Kapitol-Hügel und zog auf den Gianicolo.

Saturn und Janus gehören siedlungsgeschichtlich in die gleiche Zeit. Götter und Menschen lebten noch zusammen. Saturn stand für die Erde und regierte auf dem Kapitol von 1329 bis 1296 v. Chr.

Janus stand für die Sonne. Es lohnt sich, morgens auf seinen Hausberg zu gehen. Man sieht von dort die schönsten Sonnenaufgänge. Als ich in Trastevere wohnte, hörte ich auf zu arbeiten, wenn es hell wurde, ging hinauf und frühstückte an der kleinen Bar neben dem Garibaldi.

Man sieht von hier aus die Stadt von der *Laterankirche* bis zu den nördlichen Hängen des *Pincio*. Die Sonne erscheint genau dahinter und taucht zunächst nur die Kuppeln, Türme und Dächer in rötliches Licht. In solchen Momenten versteht man, warum Janus die Stadt der Konkurrenz überließ.

Von Saturn wird behauptet, daß er nach Menschenopfern verlangte. Auch das zeigt, daß er ein vulkanischer Typ war wie sein letzter Nachkomme Cacus. Von Janus ist nichts Derartiges bekannt. Durch ihn ging alles hindurch, wie die Sonne, die er jeden Morgen als erster Römer erblickte.

Der Capitol-Hügel hieß noch lange *Mons Saturnius*. Wann er umbenannt wurde, habe ich nicht geprüft. Der Berg des Janus, auf dem sein Heiligtum stand, heißt noch immer Gianicolo.

Die Etrusker in Rom

Janus und Saturn sind Namen einer Prägung, die die Römer immer verdrängt haben.

Die römische Bevölkerung des 8. Jahrhunderts war gemischt, überwiegend latinisch. Auf dem Quirinal lebten Sabiner. Von dort kam Romulus. Sein Baby-Körbchen brauchte nur die paar hundert Meter durch die Wasser des Velabrum zu dümpeln. Nach seinem Ertrinken auf dem Comitium und seiner Vergöttlichung hieß er Quirinus und wurde zum Ahnherrn der Bewohner des Quirinal.

Der Stadtgründer war also Sabiner, aber die Art, wie er aus den dörflichen Siedlungen auf den Hügeln eine Stadt entwarf, war eindeutig etruskisch. *Ruma (Roma)* ist ein etruskisches Wort. Namengebend war eine etruskische

Adelsfamilie. Auch der *Monte Celio* verdankte seinen Namen einem etruskischen Adligen.

Romulus gründete *Ruma* nach etruskischem Ritus, indem er eine Furche um den Palatin zog und einen geheiligten Innenraum schuf. Seine Handlung war freilich nicht singulär. Der Gegensatz zwischen Gemeineigentum und Privateigentum ist sehr viel älter und reicht bis heute. Zaun, Furche, Mauer, Urheberrecht, Warenzeichen, Ehe, Familie, Erbrecht, Sachenrecht etc. sind Symbole der Usurpation, mit denen einige sich etwas aneignen, das allen gehört.

Es waren somit die Etrusker, die den Ureinwohnern von Rom den ersten Schritt in die Zivilisation zeigten.

Rom war, solange es existiert, voller etruskischer Symbole. Die *sella curulis*, der Stuhl der römischen Hoheitsträger, der Triumphzug, das Rutenbündel, die Doppelaxt, die Sitte, die Toten nicht im Stadtbezirk beizusetzen, der Tempel – es stammte alles aus Etrurien.

Die Latiner stellten, wie alle Italiker, ihre Altäre im Freien auf. Die Etrusker, die aus Griechenland kamen, überbauten sie. Die Römer machten es nach. Sie schickten auch ihre Auguren und Haruspexe zur Ausbildung nach Etrurien, lange nachdem die Etrusker politisch tot waren.

Die Auguralakte standen am Beginn aller römischen Staatsakte. Durch die *Auguren* wußte man, ob es geboten war, die Veranstaltung schleunigst abzubrechen. Die Haruspexe untersuchten die Eingeweide von Opfertieren. Cäsar konsultierte sie, bevor er sich ins Theater des Pompeius tragen ließ. Sie rieten zur Umkehr. Sie galten als Hochstapler. Im Falle Cäsar waren sie ehrlich.

Daß der Machtkampf zwischen Romulus und Remus nicht nur psychologischer Natur war, zeigte seine Symbolik. Remus lehnte den Akt der Usurpation ab, sprang über die Furche und flüchtete zum Aventin, dem Ort der vorzivilisatorischen Unordnung und des Chaos. Auch die römischen Feministinnen, vor denen der alte Cato in seinen Reden warnte, feierten ihre Bacchanalien auf dem Aventin.

Die Etrusker haben in Rom keine Ruinen hinterlassen, nur Symbole und Institutionen. Es war nicht schwer, sie aus Rom zu verdrängen. Bis in die klassische Zeit haben die Etrusker Kriege geführt und Schlachten geschlagen, aber es gibt keinen Hinweis auf eine Zwingherrschaft in Rom.

Indem Janus vor Saturn auswich und sich rechts des Flusses niederließ – am etruskischen Ufer –, definierte er sich als Etrusker. Die Paradoxie der Geschichte besteht darin, daß Saturn ebenfalls Etrusker war. Wer immer nach Rom kam, akzeptierte die kulturelle Dominanz der Etrusker – auch die Siculer der Bronzezeit, die in Saturn ihren König erkannten.

Einen Tempel des Janus hat es in Rom nicht gegeben, wohl aber einen des Saturn. So wichtig war den Römern Saturn, daß sie gleich in den ersten Jahren der Republik am *Clivus Capitolinus* einen Tempel errichteten, der noch heute zu den imposantesten Bauwerken auf dem *Forum Romanum* gehört.

Der *Clivus Capitolinus* war eine Top-Adresse. Auf dieser majestätischen Straße zogen die Triumphzüge und Prozessionen vom *Forum Romanum* aufs Kapitol. Der Saturn-Tempel hieß auch *aerarium*, weil in ihm der römische Staatsschatz gehütet wurde. Ein etruskischer Gott, Menschenfresser in seiner Jugend, war Aufsichtsratsvorsitzender der römischen Staatsbank.

Vielleicht wollten die ersten Republikaner ihn besänftigen, vielleicht fürchteten sie seinen Zorn über die Vertreibung der etruskischen Könige.

An ihre etruskischen Vorbilder haben die Römer sich so ungerne erinnert wie an ihre latinischen und sabinischen. Sie konstruierten sich lieber eine griechische Geschichte, und wer auf sich hielt, hatte trojanische Vorfahren.

Die *Via di San Teodoro* hieß in der Antike *Vicus Tuscus*. Eine Handelsstraße, die das *Forum Romanum* mit dem Tiber verband. Sie ist eine stille Straße geworden, einseitig bebaut mit großen Wohnhäusern, die alle nach innen blicken. Um hier am ruinösen Hang des Palatin zu wohnen, muß man reich sein.

Wir betreten das *Forum* quasi durch den Dienstboteneingang, genau dort, wo die riesige *Basilica Julia* stand, und gehen hin und her auf der berühmtesten Meile der Welt – bewegen uns also zwischen dem steil aufragenden Kapitol und dem flachen Velia.

Als *Velia* bezeichnete man im Altertum den Höhenrükken, der das *Forum* noch heute gegen die Niederung um das *Kolosseum* abschließt. Der Hügel reichte früher bis zum *Colle Oppio* und wurde von Mussolini zur Hälfte abgetragen, als der seine Straße der kaiserlichen Foren bauen ließ.

Auf dieser Meile gibt es nichts als Ruinen und Papierkörbe, Schulklassen und Lehrer, Touristen und Reisebegleiter mit Stöcken, an denen Bändchen flattern.

Einer meiner Reiseführer behauptet: »Der Besuch des Forums und des Palatin ist essentiell für jeden Rom-Touristen«, aber das stimmt nur, wenn man viel Zeit hat. Dazu die richtige Literatur und ein ausgezeichnetes Gedächtnis. Ein Freund von mir ging drei Tage lang hin und her, bis er wenigstens ein ungefähres Bild von der Lage der Dinge hatte.

Ich habe nie gezählt, wie viele Tempel, Säulenhallen, Bögen, Altäre, Gedenksäulen und sonstige Denkwürdigkeiten zwischen den Bögen der Kaiser Konstantin und Septimus Severus stehen, ein paar hundert sind es vermutlich, wenn man bedenkt, daß nicht nur wir auf der Antike spazieren. Ein historischer Schichtkäse war Rom schon damals.

In grauer Vorzeit waren Gräber an den Rändern des

Forums. Das Tal lag also außerhalb der geheiligten Siedlungsräume. Nach ihrer Trockenlegung diente die Meile als Markt und Treffpunkt der Bewohner der Hügel, doch schon in der frühen Republikzeit überwog der öffentliche, politische und juristische Charakter der Anlage, und der Besuch des *Forums* wurde zu einer Pflichtübung für den Senatsadel, die Führer der Plebs, die Beamten und alle, die von ihnen profitierten.

Das schloß nicht aus, daß weiterhin auch auf den Hügeln geopfert wurde. Die heiligen Hütten auf dem Palatin, deren Pfostenlöcher durch die Stadtführer und Reisefeuilletons geistern, wurden noch in augusteischer Zeit gewienert.

Wir betrachten das *Forum* als Dauerzustand, aber das ist falsch. Die Trümmer, die wir sehen, stammen aus Epochen, zwischen denen Weltkriege liegen, und manches wurde auch verschoben.

Die *Curia Hostilia*, die unter König Tullus Hostilius gebaut wurde, brannte 52 v. Chr. ab. Einer der Bandenkriege in den letzten Republikjahren (Clodius versus Milo) wurde bis in den Senat getragen. Sulla baute neu, doch Cäsar ließ den Neubau sofort wieder abreißen und an anderer Stelle ein nach ihm *Curia Julia* benanntes Senatshaus errichten. Auch das *Comitium* (der Versammlungsplatz) und die Rostren wurden umgebaut.

Viele Bauwerke sind nicht nur das, was sie zu sein scheinen. Der Tempel der Dioskuren zum Beispiel, Castor und Pollux, die in Rom besonders geschätzt wurden. Sie werden zumeist als Roßbändiger, Symbol der Herrschaft des Mannes über die Natur, dargestellt. Sie stehen auch auf dem Platz vor dem *Quirinalspalast*, der deshalb *Piazza Cavallo* (Pferdeplatz) genannt wird. Der italienische Staatspräsident sieht sie aus seinem Fenster.

Auf dem *Forum* standen sie als Schutzpatrone der Ritter. Als die Republik ausgerufen wurde, waren sie den Bürgern im Kampf gegen Tarquinius Superbus und seine Schutzmacht, die Latiner, zu Hilfe geeilt. Da die Ritter aufgrund der *Lex Claudia* das Monopol im Groß- und Geldhandel besaßen, war der Tempel der Dioskuren eine Bank. »Bei Castor sein Geld haben«, nannte man das.

Ich liebe vor allem die Bauwerke, in denen das triviale Verhältnis der Römer zum Mysteriösen lebte. Das vorchristliche Rom ist vermutlich die einzige Hochkultur, die ohne systematische Götterwelt auskam. Die Vielgötterei der Griechen war nichts gegen die horizontale Vielfalt der Römer. Die Götter der Tiberstadt waren größtenteils nicht einmal miteinander verwandt. Rechnet man die Laren hinzu (die vergöttlichten Ahnen), so hatte jeder Einpersonenhaushalt seine Götterfamilie, die daheim angebetet wurde. »Clodius, hast du heute schon zu Opa Marc gebetet?«

Andererseits erklärt sich aus dieser Eigenheit, verstorbene Vorfahren zu vergöttern, daß seit Augustus alle Kaiser von Adlern zum Himmel emporgetragen wurden und Götterstatus erhielten.

Warum der Pontifex Maximus ein hochrangiger Beamter sein mußte, ist damit zu erklären, daß jeder Stand, jede Landsmannschaft und jeder Beruf seine eigenen Gottheiten hatte. Für alles und jedes gab es ein Gottchen, und die berühmtesten Heiligtümer hatten zum Teil lächerliche Aufgaben. Der Oberpriester war eine Art Zulassungsbehörde und Koordinierungsstelle.

Die sibyllinischen Bücher

Betrachten wir den kapitolinischen Zeus, wo die sibyllinischen Bücher verwahrt wurden. Der Tempel wurde von Tarquinius Priscus ausgelobt, als er gegen die Sabiner Krieg führte. Von Tarquinius Superbus wurde der Tempel mit den Beutegeldern des Krieges gegen die Volsker finanziert und 509 v. Chr. vom Konsul Orazio Pulvillo geweiht.

Er war das sichtbarste Wahrzeichen der sich zur Weltstadt entwickelnden Metropole beim Eintritt in die Geschichte. Wie die Freiheitsstatue vor New York.

Die Sibylle von Cuma dagegen war die berühmteste Wahrsagerin Italiens. Sie äußerte sich mündlich oder schriftlich. In beiden Fällen waren ihre Worte unverständlich und mußten interpretiert werden. Geschrieben wurde auf Palmblättern, teils in Versen, teils in symbolischen Zeichen.

Man berichtet, die Sibylle selber habe die neun Bücher mit ihren Prophezeiungen dem Tarquinius Superbus für dreihundert Goldmünzen zum Kauf angeboten. Superbus lehnte ab. Sie verbrannte drei Bücher und bot die restlichen für den gleichen Preis. Wieder lehnte Superbus ab, und wieder verbrannte die Sibylle drei Bücher. Die restlichen drei kaufte Superbus zum vollen Preis und hütete sie eifersüchtig.

Die Macht der Bücher war enorm. Es gab drei wichtige sakrale Kollegien. Die *Pontifeces* (die Priester), die Auguren und die Orakelbewahrer – die *quindecimviri sacris faciundis*. Ihre Aufgabe bestand im Auslegen der Palmblätter. Aus dem Rascheln wurde die Antwort hergeleitet. Eine bis heute übliche Technik des Lesens.

Alle Fragen, von denen das Schicksal des Imperiums abhing, wurden von den fünfzehn Priestern der sibyllinischen Bücher im Tempel des capitolinischen Zeus entschieden. Cicero schimpfte auf das Orakel, und es heißt, er habe den berühmten Brand im Jahre 83 v. Chr. in Auftrag gegeben, um sich und die Stadt von diesem Schabernack zu befreien. Kein Wunder, daß der Demagoge und Bandenführer Clodius (dessen Ermordung zum Brand der ersten Senatskurie führte) Cicero aus der Stadt verbannte.

Erst der römische Feldherr Flavius Stilicho, ein Vandale,

zerstörte die Bücher, aber man dankte es ihm nicht. Im Jahre 408 n. Chr. wurde er in Ravenna enthauptet. Das Reich ging siebzig Jahre später unter. Vielleicht waren die Bücher tatsächlich die *aeterni fatalia pignora regni*, die schicksalbeladenen Unterpfänder der ewigen Dauer des Reiches.

Der Tempel der Vestalinnen

Mysteriös war auch die Tätigkeit der Vestalinnen, die ebenfalls zum Kult des kapitolinischen Zeus gehörten. Sie walteten im Rundtempel, der auf dem *Forum Romanum* in einer Version aus dem 2. Jahrhundert n. Chr. zu sehen ist. Der erste Tempel wurde von Numa Pompilio erbaut. Die Vestalinnen hüteten das Feuer der Stadt. Auf alten Darstellungen sieht man eine Art Pizzabackofen, in dem es kokelt wie in einer Schmiede.

Auf dieser Esse ruhte alles Glück. Ohne das heilige Feuer ihres Staatsherdes waren die Römer machtlos. Wenn das Feuer einmal erlosch, kam das öffentliche Leben zum Stillstand. Das ereignete sich endgültig 394 n. Chr., als Kaiser Teodosius der Große das Heiligtum auf Drängen der Christen schließen ließ.

Einmal im Jahr, am 9. Juni, schritten die Priesterinnen feierlich zum Tiber und entsorgten ihre Asche. Sie hatten auch eine Nische im Keller, in der sie allerlei Krimskrams hüteten, an dem ebenfalls Roms Glück hing. Man nannte es *die schicksalhaften Dinge* oder auch *Penus*, zu deutsch Mundvorrat. Gelegentlich trugen die Vestalinnen den Penus in feierlicher Prozession durch die Stadt, ließen jedoch keinen ran.

Zum Penus gehörte das *Palladium*. Es war ein kleines unscheinbares Gehäuse aus Tierknochen, das auf die Göttin Pallas Athene zurückging. Aeneas brachte es aus Troja mit und schenkte es Evander, aber wahrscheinlich wurde es erst nach der Eroberung der latinischen Hauptstadt Alba Longa nach Rom geholt. Die Stadt, die es besaß, war die mächtigste im Erdkreis.

Der Kult der Vestalinnen kam wohl von außerhalb. Aeneas, von Evander zu den Albanern geschickt, wurde von König Latino aufgenommen und zum Nebenkönig gemacht. Zum Dank heiratete er dessen Tochter Lavinia. Mit ihr zeugte er Ascanius, der im Jahr 1151 v. Chr. Alba Longa, Roms Mutterstadt, gründete.

Der 30. König von Alba Longa hieß Numitore, seine Frau Rea Silva, sein kleiner Bruder Amulius. Andere behaupten, Rea war Numitores Tochter, was dasselbe ist. Amulius ermordete den Bruder und steckte Rea Silva zu den Vestalinnen, um zu verhindern, daß sie dem toten Numitore einen Thronfolger gebiert. Doch Kriegsgott Mars erbarmte sich und zeugte mit ihr die Zwillinge Romulus und Remus. Amulius warf das Körbchen mit den Neugeborenen ins Wasser, erbat also ein Gottesurteil. Das Ende ist bekannt.

Eine Überlieferung ließ die Zeugung an einem Fluß in Alba Longa stattfinden, was korrekt war. Für die Römer fand sie am Hang des Palatin statt. In Pompeji wurde ein Fresko aus augusteischer Zeit entdeckt, das jetzt im Nationalmuseum in Neapel hängt. Es erzählt den Vorgang wie ein Comic strip. Mars steigt hoch am Himmel aus dem zweispännigen Streitwagen und schwebt ein. Rea liegt schon auf einer Wiese, an ihrem Kopfende ein Tempelchen. Links beobachten Gefährtinnen neben einem Tempelchen den Vorgang.

Im unteren Bildteil säugt die Wölfin die Zwillinge. Darüber schroffe Felsen. Am Ufer eine Frau mit klagend erhobenen Armen. Links zwei Götter deuten das Ereignis. Ganz unten links fast außerhalb Kaiser Augustus in bequemer Haltung, als wäre das Ganze nur ein Bild, das er betrachtet.

In Rom, wo eine Vestalin folglich den Stadtgründer geboren hatte, gehörte die große vestalische Jungfrau zur Nomenklatura. Am 13. September schritt sie mit dem Pontifex Maximus zum Kapitol hinauf, um dem *Jupiter Capitolinus* ein Staatsopfer darzubringen. Das Staatsfeuer und der Staatstempel gehörten zusammen: Beide galten als Unterpfand der römischen Herrschaft.

In Rom gab es zunächst vier, später sechs Priesterinnen plus Oberin. Sie dienten dreißig Jahre. Zehn Jahre lang lernten sie, zehn Jahre lang übten sie den Kult aus, zehn Jahre unterrichteten sie die Novizinnen. Danach durften sie heiraten.

Als Kind wurde die Vestalin in einer Hochzeitszeremonie vom Vater übergeben. Man sagte: Sie wurde vom Pontifex maximus *gegriffen*. Er behandelte sie wie eine Ehefrau. Sie trug die rote Haube, die sechs Zöpfe, die Kopfbänder und das lange Gewand der Matronen, und wenn sie ihre Pflichten verletzte, zum Beispiel das Feuer ausgehen ließ, durfte der Pontifex sie verprügeln.

Wenn sie die Grenzen der Keuschheit mißachtete, also nicht diskret war, wurde die Vestalin mit wenig Nahrung auf dem *campus sceleratus* eingegraben und mußte verhungern. Diese Hinrichtungsart hatte hygienische Gründe. Die unkeusche Priesterin galt als verunreinigt, und ein Mann, der sie angefaßt hätte, um sie hinzurichten, hätte sich kontaminiert.

Der Friedhof der indiskreten Vestalinnen lag neben der *Porta Collina*, wo heute das italienische Schatzministerium steht.

Frauen konnten in Rom nicht Beamte werden, also auch keine Priester. Die Vestalinnen waren die Ausnahme von der Regel. Ohne sie war kein Kultus denkbar. In einem kleinen Mörser in ihrem Wohnhaus neben dem Tempel (das ebenfalls noch steht) bereiteten sie dreimal im Jahr aus Speltweizen, der geröstet, gestampft und gesalzen wurde, die sogenannte *mola salsa*. Dieses Opferschrot mußte über jedes Tier gestreut werden, das irgendwo in Rom öffentlich geopfert werden sollte.

Auf dem Palatin

Auf den Palatin ging ich oft in meiner Jugend, vor allem im Winter. Der Hügel eignete sich zum Nichtstun und zum Träumen. Man war mittendrin aus der Welt. Ein großer Park, fast geräuschlos und ohne Besucher, mit hohen Bäumen, zumeist Pinien, viel Buschwerk und grün zu jeder Jahreszeit

Die Ruinen auf dem Plateau waren Teil der Gartenarchitektur. Wenn man in europäischen Parks des 18. Jahrhunderts, in Kassel zum Beispiel, nach dem Grund für die vielen Ruinen fragte – hier lag die Antwort. Aber ich ging über die Trümmer, ohne nach ihrer Herkunft zu fragen.

Natürlich wußte ich, wenn ich vom *Forum* heraufkam: Hier der älteste Teil aus romuleischer Zeit, dort der Palast der Flavier. Rechts der Palast des Tiberius, dahinter der Tempel der großen Mutter, der Palast der Livia, der Apollo-Tempel, neben ihm eine der drei großen öffentlichen Bibliotheken der Stadt. Der Palast des Augustus, dahinter das Stadion des Domitian und der Palast des Septimus Severus.

Auf dem Palatin herrschte stets eine Stimmung, wie sie bis ins frühe 19. Jahrhundert auch auf dem *Forum* oder draußen an der *Via Appia* geherrscht haben mag. Man hatte nie das Gefühl, über Ruinen zu spazieren. Die Reste der Paläste wuchsen aus dem Boden wie Bäume und Büsche.

Ein Rundgang empfahl sich wegen der Aussicht auf die umliegenden Hügel, Aventin, Celio, Velia, Esquilin, Oppio und Quirinal, Kapitol, und die nun schon bekannten Täler aus der Vogelperspektive – *Circus Maximus, Via Trium-*

phalis, die *Straße der Foren*, das *Velabrum*. Der Palatin als Aussichtsplattform eines Riesenrundgemäldes.

Es war alles immer ein bißchen paradox. Einmal, als ich in einer kleinen Loggia auf der Freitreppe über dem *Forum* stand, weil es regnete, strömten viele Menschen in die Exedra der *Maxentius-Basilika*, die zur *Via Sacra* hin weit geöffnet ist, wie eine riesige Muschel, und plötzlich sangen sie:

»Die Himmel rühmen des Ewigen Ehre.«

Ich glaubte an eine Halluzination, rannte hinunter. Es waren Pilger. Zwanzig Busse voll. Ich fragte nicht, woher und wohin, aber sie sahen aus wie aus Würzburg.

Am liebsten war mir der Blick von den farnesinischen Gärten, unter denen der Palast des Caligula lag, hinüber zum Trajansmarkt mit dem Ensemble, das an die Karlskirche von Fischer v. Erlach erinnert. Der lernte bei Domenico Fontana. Auf dem Weg zurück ging vielleicht ein Skizzenblock verloren. Als er in Wien ankam, standen zwei runde Säulen vor einer Kirche. In Rom war es umgekehrt: zwei Kirchen hinter einer Säule.

Die Säule des Trajan verkündete seine Taten, aber keiner kannte ihre wahre Funktion. Der Quirinal brach einst nicht ab, wie heute hinter dem *Largo Magnanapoli*. Sanft reichte sein Hang bis zum Fuß der Burg wie ein Sattel. Trajan ließ den Abhang kappen, um sein riesiges Forum zu bauen. Die Höhe der Säule sollte zeigen, wie hoch hinauf der Hügel einst reichte.

Dann wieder erinnerte ich mich an das Vierkaiserjahr 69 n. Chr. nach Neros Selbstmord, als Otho gegen Galba konspirierte, der gegen Nero konspiriert hatte, und Galba fiel, und Otho beging Selbstmord, weil seine Herrschaft durch Vitellius angefochten wurde.

Corneille hat ein Stück, Jean-Marie Straub einen wunderbaren Film darüber gemacht. Der Herren spazieren auf dem Palatin, kaum hörbar ist hier der römische Straßenverkehr, der den Berg an allen vier Seiten umgibt, sie fummeln an der Toga und diskutieren ihre kleinen Intrigen.

Nicht Ideen und Prinzipien, nicht der Staat, nicht gesellschaftliche Gegensätze, nicht so etwas Albernes wie ein soziales Engagement bringen das Blut zum Fließen, das alles sind Vorwände. Was die Togierten wollen, ist die Macht und, wenn sie das noch brauchen sollten, den mit ihr verbundenen Reichtum.

Der Sieger war noch fern, Titus Flavius Vespasian, aber ich stellte mir vor, wie seine Anhänger ihre Truppen schon sammeln vor dem Haus der Gens Flava auf dem Quirinal, und dann marschieren sie den Hügel hinab über die *Piazza Cavallo* und durch die *Via 24 Maggio*. Beim *Lacus Fundani* über dem *Largo Magnanapoli* kommt es zum Kampf mit den Vitellianern, und schon flüchten die Flavier weiter den Quirinal hinab, der damals noch sanft zur Arx hin auslief, überqueren das *Trajansforum*, die *Via dei Fori*, am mamertinischen Kerker vorbei, die *Seufzerbrücke* hoch und verschanzen sich auf der Burg. Keuchend folgen ihnen die Anhänger des noch amtierenden Kaisers und stellen Wachen auf.

Am nächsten Morgen beginnt der Kampf ums Kapitol. Am Abend ist der Hügel ein Trümmerfeld, der Tempel des kapitolinischen Zeus abgebrannt. Tacitus hat den Machtkampf beschrieben, er war empört über den Frevel.

Manchmal stellte ich mir vor, wie die Truppen der Flavier und des Vitellius sich in der Senke zwischen Quirinal und Kapitol abschlachteten, und der städtische Pöbel schaute zu. Seit die Römer ihre Wählerstimmen nicht mehr an die Politiker verkaufen konnten, seit Einführung des Prinzipats, hatte das Volk jedes Interesse an Politik verloren.

Der Kampf um die Macht, den die Herrschenden sich lieferten, war für die unbeteiligten Plebejer ein Gladiatorenspiel mit hochrangiger Besetzung. Mit Geschrei und Applaus wurden die Kämpfer angefeuert. Sobald ein Kämpfer sich in einen Laden flüchtete, schrien die Leute, man solle ihn herausholen und ihm den Rest geben.

Jeder Tod wurde bejubelt, denn während die Parteigänger des noch amtierenden und des zukünftigen Kaisers mit dem Abschlachten beschäftigt waren, hatte die Menge Muße, die Leichen zu fleddern.

Es war ein Festtag. Hier Straßenkämpfe, dort Bäder und Restaurants voll in Betrieb. Hier Blut und Leichenhaufen und gleich daneben die Prostituierten und Strichjungen. So als ob zu den Festlichkeiten dies als Extra-Unterhaltung hinzukäme, genossen die Plebejer das Gemetzel, ohne sich für eine der beiden Parteien zu engagieren.

Auf dem Staatsberg

Der Berg am Ende des *Forum Romanum* ist das Gegenteil vom Palatin. Hektisch, voller Touristen, aber die meisten spazieren nur drüber hin und bestaunen den Protz.

Der felsige Komplex besteht im wesentlichen aus einem Hügel im Süden, fünfzig Meter hoch, und einem etwas höheren steilen Felsen im Norden. Der Hügel heißt *Kapitol*, der Felsen *Arx*. Die Römer sagten *arx Capitoliumque*, unterschieden also bewußt zwischen den zwei Erhebungen.

Der Sattel dazwischen wurde *Asylium* genannt. Es gibt nur einen Ort in Rom, wo das Bett des Touristenstrom noch schmaler ist: im endlosen Gang, der zur Sixtinischen Kapelle führt.

Wir besteigen den *Mons Saturnius* vom *Forum Romanum* her und besichtigen zunächst das Staatsgefängnis, das auch *Mamertinischer Kerker* oder *Tullianum* genannt wird. Obendrüber liegt die *Kirche Joseph der Zimmermann*.

Das *Tullianum* wurde vor rund 2400 Jahren in den Fels

am Fuß der Arx gehauen. Erhalten hat sich ein runder Raum, der als Hinrichtungsstätte diente. Er war durch ein Loch in der Decke erreichbar. Heute geht ein Treppchen hinunter. Der Historiker Sallust hat den Raum in seiner Geschichte der Verschwörung des Catilina beschrieben. Er sei dunkel und verwahrlost gewesen und habe widerwärtig gestunken.

Auch die Hinrichtungen wurden mehrfach beschrieben, u. a. von Tacitus. Offensichtlich wurden die Opfer erwürgt. Cassius Dio erzählt, wie die Familie eines Präfekten exekutiert wurde, der versucht hatte, Kaiser Tiberius zu stürzen. Da es verboten war, Jungfrauen hinzurichten, wurde die Tochter zuvor geschändet, aber das war vermutlich eine Ausrede des Henkers.

Die Leichen wurden an eisernen Haken auf die Treppe gezerrt, die zum *Asyl* führte, um dem Volk Gelegenheit zu geben, seinen Abscheu über die Staatsverbrecher zu bekunden. Warum die Treppe *Seufzertreppe* genannt wurde, ist unklar, denn weder die Toten noch der tobende Pöbel werden geseufzt haben. Auf diese Weise hingerichtet wurden die Anhänger der Gracchen, des Catilina und der gallische Feldherr Vercingetorix.

Die Gracchen, die mit ihren Reformgesetzen das Jahrhundert der Revolutionen eröffneten, waren da schon lange tot. Der erste wurde von empörten Senatoren während einer Wahlversammlung totgeschlagen, der zweite, zehn Jahre später, befahl einem Sklaven, ihm den Gnadenstoß zu geben.

Man schätzt, daß der Senatsadel viertausend Anhänger der Gracchen ermorden ließ. Sobald durch ein Staatsmassaker die Ordnung wiederhergestellt war, ließ man einen Tempel der Eintracht errichten.

Das *Tullianum* ist vor allem an heißen Tagen zu empfehlen. Mittags geschlossen. Der sehr niedrige, fast schwarze Raum ist angenehm kühl und hinreichend beleuchtet. An der Wand ein kleiner Altar. Daneben, durch ein Eisengitter vor Bubenhänden geschützt, die Säule, an welche der Apostel Petrus gefesselt war.

Etwa in der Mitte des Raums ein Brunnen. Das Wasser ist klar und kühl und frisch. Der Brunnen entstand, als Petrus seine Wächter zum rechten Glauben bekehrte und taufen wollte. Wasser aus Felsen zu schlagen, war eine alte rabbinische Kunst.

Auffällig ist auch die Lage des Brunnens. Er liegt direkt unter dem Loch in der Decke. Ich vertrete deshalb folgende Theorie. Das *Tullianum* war ursprünglich eine Zisterne. Durch das Loch in der Decke wurde Wasser geschöpft. Hinrichtungen fanden hier nicht statt.

Unklar ist auch, warum einige Staatsverbrecher vom tarpeischen Felsen gestoßen wurden, andere aber im *Tullianum* erwürgt wurden. Der Unterschied ist möglicherweise, daß die Leichen am tarpeischen Felsen im Sumpf verschwanden, also nicht posthum geschändet wurden.

Wir gehen nun weiter die *Seufzertreppe* hoch und drehen uns immer wieder um, ohne zu wissen, warum. Links die hohen Gewölbe des *Tabularium*, auf dem der Senatorenpalast ruht. Im *Tabularium* verwahrten die Römer die in Bronze gegossenen Gesetze und Urkunden des Staates – die *lex duodecim tabularum* (Zwölftafelgesetz) von 450 v. Chr. usw.

Im Senatorenpalast befindet sich das römische Rathaus. Neben dem Seiteneingang ragt die kräftige Säule hoch, auf der die eherne kapitolinische Wölfin die Zwillinge säugt. Die Toskaner behaupten, die Skulptur stelle keine Wölfin dar, sondern eine etruskische *Bracca* – eine Jagdhündin.

Mindestens ebenso interessant ist, daß das Original der Skulptur aus Persien stammt. Man kann sie im Museum besichtigen. Ohne die Zwillinge Romulus und Remus natürlich. Die wurden erst in der Renaissance angefertigt und an eine Kopie der Jagdhündin geschweißt.

Gegenüber dem fragwürdigen Symbolstück sehen wir *in capellaccio* ein älteres Mauerstück. Die grauen Steine sind sorgfältig abgestaubt, davor eine kleine liebevolle Rabatte mit vielen Stiefmütterchen.

Dahinter erstreckte sich die Arx. Ob je eine Burg hier prangte, weiß ich nicht. Es gab bedeutende Bauwerke auf dem Felsen, wie das *Auguraculum*, den Sitz der Auguren, und den Tempel der *Juno Moneta*, der Gattin Jupiters, der nebenan verehrt wurde.

Der Beiname der Göttin, *Moneta*, ist linguistisch markant. Ursprünglich residierte hier ein etruskisches Geschlecht namens Moneta. Als später unter griechischem Einfluß die Kultstätte der Göttin Juno errichtet wurde, lag es nahe, sie *Juno Moneta* zu nennen. Aber *Moneta* erinnerte stark an das lateinische Wort für warnen, ermahnen. Ein *Monitum* ist eine Ermahnung. Also wurde die Göttin zur mahnenden Juno. Der letzte Akt der Namensentwicklung war schließlich 343 v. Chr. die Errichtung der römischen Münzprägestätte, so daß Juno tatsächlich synonym wurde für Moneten.

Die Arx war relativ sicher, sonst hätte man hier nicht die Münze eingerichtet. Zur Hälfte stand sie auf unbesteigbaren Felsen, zum *Asyl* hin war sie von einer unüberwindlichen Mauer umgeben. Weder die Gallier, 390 v. Chr., noch die Truppen des Vitellius, 69 n. Chr., haben sie erobert. Die Cäsar-Mörder flüchteten hierher.

Daß die etruskischen Könige auf der Arx residierten, wird behauptet, ist aber fraglich. Wir wissen nicht einmal, wie die Tradition entstanden ist, die von sieben Königen spricht: Romulus, Numa Pompilius, Tullus Hostilius, Ancus Marcus, Tarquinius Priscus, Servius Tullius und Tarquinius Superbus.

Es ist wie mit den sieben Hügeln. Egal, wie man zählt, es sind stets mehr als sieben oder weniger.

Heute steht die unverkleidete Kirche *S. Maria in Aracoeli*

auf der Arx und sieht aus, als wären ihre Fassaden antik. Beachten Sie bitte die Assonanz *Arx – Aracoeli.* Zu ihr führt die steilste, breiteste Freitreppe von Rom hinauf und lehrt uns, daß *arx Capitoliumque* tatsächlich zweierlei sind. Wann immer ich die Kirche von hinten betrete, wird mir schwindlig, wenn ich vorne hinausschaue, und ich fürchte zu stürzen.

Die Treppe hinauf zum *Asyl* ist bequemer. Auch sie wird von Dioskuren aus der Kaiserzeit flankiert. In der Antike befand sich hier eine Art Ellis Island, eine Registrierstelle für Einwanderer. Daher der Name. Das *Asylium* lag direkt an einem Stadttor der servianischen Mauer.

Die *Piazza di Campidoglio*, die auf dem *Asyl* liegt, wird in sämtlichen Reiseführern, die ich kenne, als der schönste Platz der Welt bezeichnet. Er ist so voll wie die U-Bahn von Tokio im Berufsverkehr. In der Mitte steht das einzige erhaltene Reiterstandbild der Antike. Es ist aus Metall. Früher fand ich es erträglich. Seit seiner Totalrestauration sieht es aus wie die Gegenstände aus Plastik, die gerne so aussehen würden, als wären sie aus Bronze.

Wir biegen rasch ein in die *Via del Monte Tarpeo*, wo uns ein Gitter davor bewahrt, in einen engen Schacht zu stürzen.

Der Schacht ist dicht neben der Seitenwand des Konservatorenpalastes angebracht, gegenüber einer kleinen Aussichtsplattform. Er ist dunkel, unten plätschert Wasser, langsam erkennen die Augen Cola-Dosen, Plastiktüten, Pappteller, Eisbecher, eine offene Damenhandtasche, eine Mauer aus Tuffstein, offensichtlich die Ecke eines riesigen Sockels. Ein fast unlesbares Schild an der Wand klärt uns auf. Es ist die Südostecke der Basis des Tempels des Jupiter Maximus Capitolinus. Alles andere ist weg.

Wir durchqueren den Kapitol, der nun, keine zweihundert Meter vom *Asyl* entfernt erfreulich einsam ist, bis zur anderen Seite. Dort unten, jenseits der *Via del Teatro di Marcello*, war die Stadt zu Ende, war bis in die späte Republikzeit freies Feld. Hier oben konnte man wirklich auf den Zinnen stehen und die Belagerer dort unten mit Kot bewerfen oder die römische Jugend beim Wehrsport auf dem Marsfeld bewundern.

Stadt-Mauern

Ich besitze zwei Karten mit Rekonstruktionen der diversen römischen Stadtmauern, die sich auf Bodenfunde und literarische Hinweise stützen. Aus ihnen schließe ich folgendes: In der ersten Phase nach Stadtgründung wurden drei Hügel durch eigene Mauern gegeneinander und nach außen abgegrenzt: Palatin, Kapitol und Arx. Zum Tiber hin wurden das Velabrum und das Tal zwischen Palatin und Celio durch Verbindungsmauern geschlossen. Durch eine weitere Mauer zwischen Palatin und Kapitol parallel zum heutigen *Forum* entstand eine geschlossene Zweihügelstadt, der die Arx vorgelagert war.

Eine Mauer, die das Asyl nach außen schützte, wurde von der Arx bis zum Quirinal verlängert, und da dieser Hügel stadtauswärts auf steilen Felsen lag, war nun die ganze Nordflanke der Dreihügelstadt gegen Marsfeld und Pincio hin geschützt.

Offen blieben: der Süden, mit dem Rom noch verbündet war, und der Nordosten (heute Tiburtina, Nomentana, Salaria). Das war die Achillesferse der Stadt. Man behalf sich. Im Angriffsfall wurden alle Kostbarkeiten, also auch die Familien des Adels, auf die ummauerten Hügel gebracht, vor allem auf Kapitol und Arx. Die Plebejer flüchteten ins Umland.

390 v. Chr. versagte das Konzept. Mit solchem Druck stürmten die Gallier heran, daß auch das Kapitol erobert wurde. Nachts erstiegen die Angreifer die Tiberseite des

Kapitols, plünderten und zerstörten den kapitolinischen Zeus. Nur das Gegacker der heiligen Gänse der Juno rettete die Eingeschlossenen.

Die Geschichte ist mehr als ein Histörchen. Im alten Rom war sie eine Moritat. Die Moral lautete: Lerne leiden, um zu siegen. Nur weil unsere Vorfahren so diszipliniert waren, auch in der Hungersnot die heiligen Gänse nicht zu schlachten, wurden Rom und seine besten Familien gerettet.

Nach langer Belagerung einigte man sich. Die Römer mußten den Abzug der Gallier bezahlen. Die Szene kannte in meiner Schulzeit jedes Kind. Eine riesige Waage wurde angebracht. Die Römer opferten den letzten Hosenknopf. Endlich senkt sich ihre Waagschale. Da wirft Brennus sein Schwert auf die gallische Seite: »Vae Victis!«

»Wehe den Opfern!« Das half uns, die Not der ersten Nachkriegsjahre auszuhalten. Aber der Lateinlehrer verschwieg uns etwas. Bevor noch der Handel beendet war, erschien ein römisches Heer und vertrieb die Gallier aus der Stadt.

Die servianische Mauer, die nach diesem Debakel gebaut wurde, nutzte auf der Seite zum Marsfeld die vorhandenen Mauern, beließ auch den ummauerten Hügeln ihre Befestigungen und umgab die übrigen Hügel so, daß die unteren Hänge außen vor blieben, um Belagerungen zu erschweren.

Das noch auszufüllende Stadtgebiet war jetzt riesig. Im Norden reichte die Mauer fast bis an die heutige *Porta Pia*, im Süden fast bis an die *Porta Paola*.

Schon diese Mauern hat nie ein Feind überwunden, und langsam gerieten sie in Vergessenheit. Rom hatte keine Feinde mehr. Erst als Mitte des 3. Jahrhundert n. Chr. die Germanen Italien bedrohten und sich das Reich auch von innen her auflöste, errichtete Kaiser Aurelian die heute noch sichtbare Mauer. Sie war neunzehn Kilometer lang, vier Meter dick und besaß alle dreißig Meter einen Wachturm.

Als die Goten kamen, wurde sie aufgestockt, der Wehrgang wurde zugedeckt, und die Türme und Tore wurden zu selbständigen Festungen ausgebaut. 410 n. Chr. war Alarich in der Stadt. Er starb im gleichen Jahr auf dem Weg nach Sizilien, »nächtlich am Busento«, bei Cosenza in Calabrien.

Ich war dort. Der Busento fließt nach meiner Erinnerung unterhalb der Stauferburg, in der Hühner gehalten wurden, als ich reinschaute, und er war ein kümmerliches Rinnsal. Zu wenig Wasser zum Füßewaschen.

Von den Toren der servianischen Mauer steht noch eins: der *Arco di S. Vito*.

Von den Toren der aurelianischen Mauer stehen noch viele, aber nur eins ist im Original erhalten. Die *Porta Latina*.

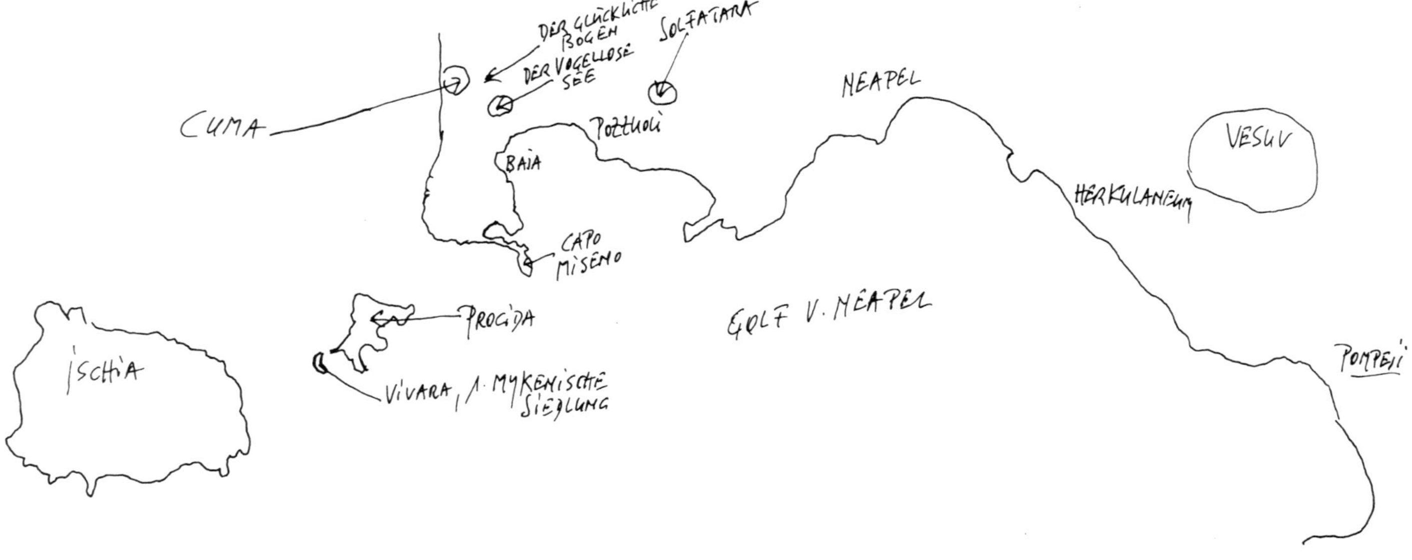
DER GLÜCKLICHE BOGEN
DER VOGELLOSE SEE
SOLFATARA
CUMA
NEAPEL
POZZUOLI
VESUV
BAIA
HERKULANEUM
CAPO MISENO
PROCIDA
GOLF V. NEAPEL
ISCHIA
POMPEII
VIVARA, 1. MYKENISCHE SIEDLUNG

NEUNTER SPAZIERGANG

Am Anfang war Cuma

Vergil, Aeneis

Roms Ahnherr landete in Cuma. Er hieß Aeneas, war ein Sohn der Göttin Aphrodite (=Venus), mit Zeus/Jupiter verwandt über seinen Ahnen Dardanus. Durch ihn waren sie göttlicher Abstammung, die Mitglieder des julisch-claudischen Herrscherhauses, dem Gaius Octavianus angehörte, seit Cäsar ihn adoptiert und als seinen Erben eingesetzt hatte.

Octavian, der damals mit Cäsars Nichte Atia verheiratet war, nannte sich nach dem Erbfall *Imperator Caesar Divi filius* (=Kaiser Sohn des göttlichen Cäsar) und wurde vom Senat mit dem Titel Augustus (=der Erlauchte, der Zuwachsende) geehrt. In der Schule gedachten wir seiner mit dem Schlachtruf: »Bei Philippi sehen wir uns wieder!«

Augustus war ein emsiger Sammler ehrenvoller Titel wie Pontifex maximus und Pater patriae (Vater des Vaterlands), gilt als Begründer des Prinzipats, des augusteischen Zeitalters, und wurde allenthalben als Friedensfürst gefeiert, da er zahllose Kriege führte, die nicht alle gelangen. Der mißglückte Versuch, Germanien bis zur Elbe zu zivilisieren, fällt in seine Zeit: die Schlacht im Teutoburger Wald.

Eine Statue im *Palazzo Massimo* zeigt ihn überlebensgroß in religiöser Tracht und Haltung. Die von Vergil verfaßte *Aeneis* diente seiner Verherrlichung.

Vergil, etruskischer Abstammung, projezierte zu diesem Zweck reichlich literarisches Material seiner Heimat in Ort und Zeit der Aeneas-Legende, hütete sich aber, die etruskischen Einflüsse auf die römische Zivilisation zu erwähnen. Wer auf sich hielt in Rom, behauptete, von den Trojanern abzustammen.

Vergils Grabmal steht über einer antiken Grotte hinter *S. Maria di Piedigrotta* nicht weit vom Caracciolo, der herrlichen Uferstraße von Neapel, wo der Dichter, der die Knaben liebte, einen großen Teil seines Lebens verbrachte und vom Volk verehrt wurde wie ein Magier.

Neapel und die flegräischen Felder gehören zu Vergil wie Dublin zu Joyce. »Ich war in Neapel und habe alle Orte Vergils besichtigt«, schreibt Petrarca 1343 in einem Brief.

Auf den flegräischen Feldern erlebte ich zuerst, drei Jahre, bevor ich nach Rom kam, das Nebeneinander von mündlicher Überlieferung, dichterischer Umgestaltung des Mythos und den dazugehörenden Ruinen in engster Nähe zu den Ausschreitungen der Moderne, den Ausfallstraßen, den endlosen Neubaugebieten, in denen die Reste der Antike stecken, verstauben, als Müllkippen verehrt werden und immer noch verfallen.

Vergil war ein Klient des Maecenas, wie die Kollegen Horaz und Properz. Maecenas gehörte zum etruskischen Stadtadel und war einer der drei wichtigsten Förderer Octavians. Ich stelle mir vor, wie Vergil nach einer Lesung im Auditorium auf dem Esquilin, das wir besichtigt haben, gefragt wird, was sein nächstes Werk sei. Er sieht den Erlauchten, seinen Förderer, und in seinem Kopf erblüht der Gedanke, eine Eloge auf das Kaiserhaus zu verfassen, die man in zweitausend Jahren noch mit Vergnügen liest.

Deshalb: die Aeneis. Aeneas rettete die heimischen Götterbilder, als Troja brannte, und dunkel entsinne ich mich eines Bildes. Es zeigt eine Szene aus dem Jahr 1200 v. Chr.: Der fliehende Held, Schwiegersohn des Königs Priamos, trägt huckepack den greisen Vater und hält den Sohn an der Hand, Ascanius, der Alba Longa, die römische Mutterstadt, gründen wird, nicht weit vom Albaner

See. Weintrinker kennen die Gegend. Stichwort: Frascati.

Aeneas kam aus Nordafrika, wo er nach seiner Flucht aus Troja bei der karthagischen Königin Dido Zuflucht gefunden hatte. Henry Purcell, *Dido und Aeneas*, Oper in drei Akten: Um Rom als neues Troja zu gründen, verläßt der Bariton den Mezzosopran, der an gebrochenem Herzen stirbt. Eigenhändig.

Der Titan mit der Zottelbrust

Aeneas nördlich des Golfs von Neapel stranden zu lassen, entsprach der Mythenlage. Typhons zottige Brust bebte hier unter den giftig dampfenden Feldern, der Titan, dessen Gebeine bis hin zum Ätna reichten, von Zeus besiegt und in den Tartaros geworfen. Da liegt er, rumort und speit Feuer. Der letzte Zeuge des gewaltigen Kampfes der Götter mit den Giganten, den Pheidias auf den Metopen des Parthenon dargestellt hat: Gigantomachie.

Wie Pockennarben bedecken Vulkane die *Campi Flegrei*, die brennenden Felder, wie die Griechen die Gegend nannten, und erinnern daran, daß die Götter des Ursprungs, des Chaos und der Unordnung nur gebannt werden können von den Herren der Zivilisation und der Ordnung, von den Göttern des Lichts, nie jedoch endgültig besiegt.

Parthenope – die Jungfräuliche: Neapel ist ein beliebtes Ziel von Vulkanologen, die fortgesetzt ausrechnen, wie viele Quadratkilometer bebauter Fläche unter der Last des Gesteins und der heißen Asche zusammenbrechen werden, wenn der Vesuv demnächst ausbricht.

In Pozzuoli, ein paar S-Bahn-Stationen von Neapel, wo römische Kaiser und Patrizier den Sommer verbrachten, hebt und senkt sich das Ufer, wenn die Giganten tief Luft holen. Die Geologen nennen das Phänomen *Bradisismo* (=leichtes Schütteln).

Der Tempel des Serapis auf dem römischen Markt direkt am Hafen mußte schon im dritten Jahrhundert zwei Meter höhergelegt werden und ist noch immer ein genauer Anzeiger für die Bewegungen der Erdoberfläche, da sein Boden bei jeder Absenkung vom Grundwasser überflutet wird.

Im März 1971, als *das leichte Schütteln* die Küste um fast einen Meter anhob, eilte ich von Rom auf die flegräischen Felder in der Hoffnung auf ein Schauspiel wie im Jahre 1538, aber nichts geschah, außer daß die Altstadt von Pozzuoli einstürzte, und das erfolgte so langsam, daß ich in Ruhe mehrere Fischgerichte in einem der Restaurants am Hafen verzehren und dazwischen sämtliche Sehenswürdigkeiten der Gegend besichtigen konnte, als wäre ich Petrarca.

Am 29. September 1538 entstand in einer Nacht der *Monte Nuovo*, auch Aschenberg genannt, hundertvierzig Meter hoch, auf halbem Weg zwischen Pozzuoli und Baia.

Baia, das seinen Namen einem Gefährten des Odysseus verdankt, war ein Badeort der römischen High-Society und ist noch heute sehenswert wegen seiner Villen und Thermalbäder aus kaiserlicher Zeit.

Die VIP-Liste ist lang. Agrippina starb den Hungertod, Nero hatte eine Villa, Augustus wurde von den bekannten zwei Adlern gen Himmel geleitet, und alles in Baia. Augustus verdankt die Zone auch eine Reihe erstaunlicher Bauwerke, wie die Wasserleitung, die sämtliche Orte am Golf, von Pompeji bis Cuma, versorgt.

An diesem 29. September gegen ein Uhr nachts schossen hohe Flammen aus den heißen Quellen, und zwischen dem Ufer und der Gemarkung von Cuma erhob sich schreckhaft, tiefe Risse zeigend, die Erde. Unter gewaltigem Donner, der aus dem Tiefsten hervortönte, wurden brennende Steine jeder Größe und riesige Mengen Asche emporgeschleudert.

Sieben Tage lang dauerte der Ausbruch. Dann war Pozzuoli vom Beben zerstört, die Ruinen von Asche bedeckt. Zerstört waren auch ein Dorf und die antiken Bäder.

Derzeit ruht der Gigant, doch keine Meile vom Hafen entfernt, oberhalb des Amphitheaters, riechen wir seinen schwefligen Atem schon an der S-Bahn-Station. Ein Eukalyptus- und Akazienwäldchen verbirgt den grausigsten Ort der flegräischen Felder.

Wir schlendern über einen schmalen, schattigen Pfad, links liegt ein idyllischer Campingplatz, dahinter eine Bar, wir verlassen das Wäldchen und erkennen, daß wir uns in einem Krater befinden, der nur an der Meerseite eine schmale Schneise aufweist.

Fast einen Kilometer weit dehnt sich die elliptoide Sohle des Vulkans, steile, hohe, zerklüftete Wände schließen den Horizont völlig ab. Der Boden ist weiß und reflektiert das Licht, wie Schnee im Hochgebirge. An vielen Stellen hat der Boden sich gelblich verfärbt, als bedecke eine giftige Flechte das feine Gestein.

Strabo, ein Zeitgenosse Vergils, nannte den Krater *Forum des Vulkan*, und man hat wirklich das Gefühl, jeden Augenblick könnte der Titan aus dem Gewaber auftauchen, wie in einem Splatterfilm, und Gottvater erneut zum Kampf herausfordern.

Wir gehen hinüber zur Seite des Kraters, wo Dampf aufsteigt. In abgezäunten Tümpeln blubbert es, schwärzlicher Kot wirft Blasen auf, die leise zerplatzen, Sand kocht und verschwindet immer wieder hinter schwefligen Nebelschwaden.

Der Gestank nimmt uns den Atem, die Augen tränen, das Licht schmerzt, an einer Stelle entweicht der Dampf schnell und zischend wie aus einem Überdruckventil, aus Spalten kräuselt sich der stinkende Nebel, und das Gestein rings um diese Fumarolen leuchtet wie Gold. Wir halten die Hände in die Dampfschwaden und ziehen sie rasch zurück.

Wir stampfen auf, wir werfen Steine und hören einen leeren Klang. Der Boden unter unseren Füßen ist hohl.

Bis ins 16. Jahrhundert galt die Solfatara, der einzige aktive, begehbare Vulkan der Felder, als Tor zur Hölle, und noch Anfang des 19. Jahrhunderts verschwanden Reisende, die den grausigen Ort betraten – sei es aus Neugier oder zur Kur –, in einem der kleinen Badehäuser, die am Rand des Kraters stehen.

Sie sollen gesund sein, die Ausdünstungen des Typhon, und helfen bei Unfruchtbarkeit, Augenkrankheiten, Leberleiden, Neurodermitis und so weiter.

Roms Ahnherr baut einen Scheiterhaufen

Die Ruinen von Cuma erreichen wir auf der *Via Domiziana*. Ein halbrunder Berggrat, der Monte Grillo, schirmt das frühere Stadtgebiet zum Binnenland hin ab. Hinein führt eine hohe Spalte, in der ein antiker Bogen steht, der die Bergmassen links und rechts der alten Konsularstraße vorm Absturz schützt – der *Arco Felice*, der glückliche Bogen.

Nichts (oder fast nichts) ist übriggeblieben von der einstigen Weltstadt Cuma. Das ist das Erbauliche an solchen Spaziergängen: zu lernen, daß auch von unserer Zivilisation nichts übrigbleiben wird als ein paar Legenden, ein paar Werke der Hochliteratur, ein paar unbegreifliche Ruinen und ein fast unspürbares atmosphärisches Rauschen. Ein Erdbeben, das nur spürt, wer die Antike in den Füßen hat.

Der Eingang zur Akropolis ist ein geräumiger Tunnel, in den Tuffstein gehauen, dann führt die *Via Sacra* steil durch Gestrüpp und wilden Wald, vorbei an den Ruinen des *Apollo-Tempels*, in dem die Reste des Erymantischen Ebers verwahrt wurden, dann stehen wir oben.

Der Berg ist abgeflacht, zeigt Reste einer christlichen Basilika auf den Resten eines Tempels, gewaltige Säulenstümpfe, ein paar gemauerte Bögen, wie gebaut, um die Details der Landschaft zu umrahmen, und ein Gedanke drängt sich auf.

Wenn es stimmt, was Winckelmann sagt (sein Satz von der *weißen Antike*), so muß es eine Herausforderung gewesen sein für jeden Seemann, der die Küste befuhr, Cuma zu besuchen und vielleicht sogar zu erobern: der kegelförmige Berg inmitten der Ebene, vom Meer getrennt durch einen Sandstreifen, und obendrauf der Tempel des Jupiter, weithin sichtbar, aber vielleicht war er auch der Diana geweiht oder dem Herkules, den die Italiker sehr verehrten.

Auf der Akropolis von Cuma kriegt man den Drehwurm. Vom glücklichen Bogen, der eine Art Guckloch im schmalen Grat der Umrandung bildet, macht der Kopf einen Schwenk von neunzig Grad. Dort unten der Felsen im Meer, einer Halbinsel vorgelagert, die *Monte di Procida* heißt, ist *Capo Miseno*.

Seinen Namen verdankt der Ort einem Gefährten des Aeneas, »Hektors Gefolgsmann war er voreinst, mit Horn und Lanze bewaffnet«. Sein Scheiterhaufen stand auf dem Strand am Fuß des Felsens.

Wie Aeneas vom Tod des Gefährten erfährt, erzählt Vergil in einem literarischen Kabinettstückchen. Aeneas wandert hinauf zum Tempel des Apoll, bewundert die großen goldenen Türen mit den Darstellungen der kretischen Mythen, läuft wieder hinunter, betritt den langen düsteren Gang, der zum Orakel der Sibylle von Cuma führt, und wird von ihr zurechtgewiesen. Er möge erst mal seinen Freund Miseno begraben.

Miseno ist inzwischen gestorben, nur Aeneas weiß es noch nicht. Gelangweilt vermutlich und »vermessenen Muts« hat Hektors Gefolgsmann auf einer Muschel geblasen, die Götter zum Wettstreit aufgerufen und ist von Triton listig ersäuft worden.

Bestürzt eilt Aeneas zurück und bestattet den Kameraden, bevor er die Sibylle abermals aufsucht, um sich weissagen zu lassen, was ihn erwartet in Rom.

Ein Dutzend Verse sind der Herstellung des Scheiterhaufens gewidmet, auf dem Miseno verbrennt. Sein Name hat die Geschichten überdauert.

Der Blick auf Miseno geht über den Averner See, den die Griechen den Vogellosen nannten. Jedes Tier, das darüberhinflog, fiel vom Himmel, vergiftet von den tödlichen Ausdünstungen des Wassers. Der See, in dem sich der wichtigste Eingang zum Reich der Toten befand, war das Kernstück eines Flottenstützpunkts, von dem aus Rom den Süden kontrollierte. An ihm lagen eine Werft, Kasernen und Lagerräume.

Die von dem Architekten Cocceius erbaute Friedensgrotte verband Cuma mit dem Averner See, der in *Portus Julius* (=Julius-Hafen) umbenannt wurde. Ein zweiter Kanal verlief über den See von Lukrino zum Meer, so daß die römischen Schiffe im Ernstfall spurlos verschwinden konnten. Die Anlage, die Agrippa errichten ließ, existierte bis zur Entstehung des Monte Nuovo 1538. Damals blieb vom See von Lucrino nur ein kleiner Sumpf übrig.

Dieser Küstenstrich ist voller Episoden.

Auf dem Capo Miseno standen im Jahre 79 n. Chr. Plinius und Plinius und beobachteten das noch immer berühmteste Schütteln der verbannten Giganten. Der ältere Plinius, in Como geboren, war zu der Zeit Kommandeur der kaiserlichen Flotte, aber bis heute geachtet wird er für seine *Naturgeschichte* – die erste Enzyklopädie aller materiellen Erscheinungen von der Entstehung des Weltalls bis zur Menschenkunde, von der siebenunddreißig Bücher erhalten sind.

Sein Neffe, ebenfalls aus Como, war Konsul, Statthalter

und Schriftsteller – ein genauer und amüsanter Chronist des römischen Lebens im ersten Jahrhundert n. Chr.

Der jüngere Plinius hat den Tod seines Onkels in einem Brief an Tacitus beschrieben, der mit dem bekannten Satz beginnt:

»Etwa um die siebente Stunde ließ meine Mutter ihm sagen, am Himmel stehe eine Wolke von ungewöhnlicher Gestalt und Größe.«

Der ältere Plinius stieg also auf den Felsen und fand, daß die Sache es wert sei, aus größerer Nähe betrachtet zu werden. Er befahl, ein Boot bereitzumachen, und fuhr hinüber zum Vesuv, auch um die dort am Strand Eingeschlossenen zu retten, während der jüngere Plinius in Cuma blieb, da er eine Terminarbeit zu erledigen hatte.

Bis zum letzten Atemzug diktierte der alte Admiral seinem Sekretär, was er sah und fühlte, bis ihm »der dichte Qualm den Atem benahm und den Schlund verschloß, der bei ihm von Natur schwach, eng und häufig entzündet war«. Im übrigen war er übergewichtig.

Wer die Kontrolle hat, hat das Geld

In Cuma spazieren wir auf der ältesten Antike auf dem italienischen Festland, die zur Zeit ihrer Blüte bis zur Halbinsel von Sorrent reichte. Der erste Grieche in Cuma war der aus Kreta geflohene Daedalus. Er opferte seine Flügel dem Schutzpatron der Stadt und schuf die goldenen Türen am Apollo-Tempel.

Auch Odysseus, der Irrfahrer, soll dagewesen sein. Homer erzählt, er habe durch den Averner See die Unterwelt besucht und gleich nach dem Eintreten einen Kameraden getroffen. Der war inzwischen betrunken vom Dach gefallen und hatte sich den Hals gebrochen.

Hier scheint sich die Miseno-Episode zu wiederholen, denn auch Aeneas betritt die Totenwelt durch den vogellosen See, geleitet von der Sibylle, um seinen Vater Anchises zu besuchen und sich auch von ihm die Zukunft Roms deuten zu lassen. »Leicht geht's hinab zum Avernus, Tag und Nacht gähnt offen die Tür. Acherons trübe stinkende Kotflut steigt und fällt.«

Doch das sind nur dieselben Geschichten mit anderen Namen. Noch bei Hesiod, im 7. Jahrhundert, gibt es nur einen, der nach Cuma kommt, nämlich Odysseus, und erst im 6. Jahrhundert kommt Aeneas hinzu, so daß plötzlich zwei berühmte Griechen in Cuma landen.

Die Verbindung der römischen Vorgeschichte mit dem trojanischen Krieg war übrigens keine Erfindung der Römer, sondern der Griechen. Selbst als in Griechenland bekannt wurde, daß die Römer glaubten, ein gewisser Romulus habe ihre Stadt gegründet (und nicht Aeneas), waren es griechische Autoren, die die zwei Sagen (Aeneas und Romulus) miteinander verbanden und darauf verzichteten, auch Odysseus in Cuma stranden zu lassen.

Man sollte diese Neigung, sich eine Geschichte zu konstruieren, nicht für Unfug halten. Jede Geschichtsschreibung ist Mythenbildung, und zumeist bestätigen die objektiven Befunde nur, was im Mythos längst begraben liegt.

Cuma ist die Stadt der Geheimnisse, aber ein paar Tatsachen gibt es immerhin. Die ersten Griechen auf den flegräischen Feldern waren die Kreter, die im zweiten Jahrtausend v. Chr. das Mittelmeer beherrschten und auf Procida, im Golf von Neapel, einen Stützpunkt besaßen.

Gegründet wurde Cuma Ende des 9. Jahrhunderts von den Euböern, also ebenfalls Griechen, die bereits auf Ischia (=Phitecusa) saßen, denn die Landschaft bot alles, was ein Grieche brauchte – eine Bucht, einen Hafen, einen Berg für die Akropolis, eine fruchtbare, wasserreiche Umgebung und einen genius loci, in diesem Falle die Ruinen der Kreter und die Erinnerung an den Krieg der neuen Götter gegen die Urmächte.

Gemeinsam mit Ischia kontrollierte Cuma den gesamten Seehandel an der thyrrhenischen Küste. Eine Tochterstadt wurde gegründet, mit Delinquenten und Asozialen besiedelt, von Cuma zerstört, weil sie die Mutterstadt bedrohte, und als Neapel neu gegründet, um Neptun zu besänftigen, der Cuma die Pest geschickt hatte.

Neptun war verärgert, weil die Cumaner auch den Altar seiner Tochter Partenope zerstört hatten, also wurde die Stadt wiederaufgebaut, was wir Heutigen nur begrüßen können. Neapel ist für mein Gefühl die lebendigste Stadt in Italien und meine zweite Heimat.

Betroffen von der Machtstellung Cumas waren vor allem die Etrusker, die vom heutigen Capua aus das campanische Hinterland beherrschten. Mit einer großen Kriegskoalition versuchten sie im Jahr 525 v. Chr., Cuma zu eliminieren. Ein Heer von 500 000 Mann ließen sie aufmarschieren, erzählt Dionysos von Halikarnassos. Die Cumaner hatten keine Chance, doch plötzlich änderten zwei Flüsse ihren Lauf und retteten die Stadt.

Nach anderer Lesart manövrierte Aristodemos, der 530 v. Chr. in Cuma die Oligarchie abschaffte und die Demokratie einführte, die Etrusker und ihre italischen Bundesgenossen so geschickt in die Enge, daß ihnen ihre Übermacht nichts nutzte.

Ein zweiter Versuch kulminierte 474 v. Chr. in der Seeschlacht von Cuma, über die Pindar und Diodorus Siculus berichtet haben. Auch sie endet mit einer Niederlage der Etrusker. Erst 438 v. Chr. unterlag Cuma fast zeitgleich mit dem etruskischen Capua den Samnitern, einem indogermanischen Volk, und bereits hundert Jahre später war die Stadt in römischer Hand: 334 v. Chr., als sogenannte *Civitas sine suffragio* (Bürgerschaft ohne Wahlrecht).

Der Aufstieg Roms zur italienischen Vormacht hatte begonnen.

Aber es wäre falsch, in Cuma nur einen legendären römischen Urspung zu suchen. Durch Cuma gelangte der erste große Strom des Griechentums nach Mittelitalien, nicht nur das Alphabet und die Vasen, auf die auch die Etrusker angewiesen waren, denn ihre eigenen taugten nicht viel.

Die Frage, wem Rom mehr zu verdanken hatte, war nie eine Frage. Natürlich lebte das große, weltoffene, erfindungsreiche Griechenland in Rom weiter, nicht das haruspexische, ungeschickte Etrurien, das längst ausgesiegt hatte, als in Athen eben die große Zeit begann.

Die Sibylle von Cuma

Es ist fast Abend, als wir die Akropolis von Cuma verlassen. Unten, am Fuß des Berges, gähnt die Grotte der Sibylle. Der von seitlichen Lichtschächten dürftig erhellte schwarze Gang, parallel zum Hang in den Stein gehauen, gehört zu den eindrucksvollsten Bauwerken der italischen Frühgeschichte.

Der Gang endet in einem quadratischen, fast schwarzen Raum. Kaum erkennt man eine gewisse Bearbeitung des Gesteins, wie man das aus etruskischen Grabkammern kennt, aber es fehlen die Betten.

Nichts weiß man über Alter und Zweck der Anlage, aber es scheint ausgeschlossen, daß sie anderen zu kultischen Zwecken diente, und sicher ist, daß sie schon lange existierte, als Aeneas sie 1200 v. Chr. betrat und die Euböer die Stadt gründeten, hundert Jahre vor der Gründung Roms durch Romulus.

Wer die Bauherren waren, wissen wir nicht. Indigene Völker, sagt man. Also niemand.

Über die Art der Sibylle, weiszusagen, kann man leicht spekulieren. Sie hockte, üblicherweise auf einem Schemel über einer Öffnung im Boden. Aus der Öffnung strömten die Ausdünstungen Typhons und umnebelten ihre Sinne, so daß sie irre redete.

Über ihr Alter gibt es etliche Angaben. Tausend Jahre alt sei sie gewesen und mit dem Alter immer kleiner geworden, sodaß man sie schließlich in einer Flasche hielt, damit sie nicht verlorenging.

Petronius *arbiter elegantiae*, der Meister des Lebensgenusses am Hofe Neros, behauptete sogar, mit ihr gesprochen zu haben. »In Cuma habe ich die Sibylle gesehen. Sie hing in einer Flasche, und wenn die Jungen sie fragten: ›Sibylle, was willst du?‹, so antwortete sie: ›Sterben will ich.‹«

Das waren die Spötteleien der Intellektuellen, die sich über den Aberglauben der Plebs lustig machten und die Politiker verachteten, die so taten, als glaubten sie an das Rascheln von Palmblättern, an Auguralakte und Auspizien, oder es wirklich taten, also nicht besser waren als der Pöbel.

Glaubt man Vergil, so hatte sie tatsächlich prophetische Gaben. Er beschreibt die Begegnung des Trojaners mit der Wahrsagerin in der Grotte von Cuma:

»Aber die Seherin tobt ... wütend durchs hohle Geschlüft ... und schon klafft aus eigener Kraft der riesigen Tore Hundertzahl und haucht der Seherin Wort in die Lüfte: ›Oh, der nun endlich entrann des Meers unsäglicher Fährnis, Ärgeres harrt in Hesperien dein. Zwar kommen die Troer ins lavinische Land, doch sie verwünschen in Bälde die Kunft: Krieg, Krieg und Entsetzen sag ich voraus. Ich seh voll Blut und Leichen den Tiber.‹«

Das hinderte Aeneas nicht, *Trojas wandernden Schutzgeist* (das *Palladium*, das die Vestalinnen auf dem *Forum Romanum* hüten sollten) an seinen Bestimmungsort zu bringen. Er fuhr nach Norden, besuchte in Rom König Evander, ließ sich von ihm die Ruinen zeigen, wanderte auf seinen Rat hin zu den Latinern in den Albaner Bergen, gründete noch eine Stadt (Lavinia, bei Anzio, südlich von Rom) und fuhr auf gen Himmel, vergöttlicht und in der Gewißheit, daß sein Nachfahre Romulus demnächst ein neues Rom gründen würde.

Sein Wille geschah.

Peter O. Chotjewitz,
geboren 1934 in Berlin, aufgewachsen in Nordhessen, lernte Anstreicher, machte Abendabitur, studierte Jura, Publizistik, Philosophie und Geschichte, ist Rechtsanwalt, Übersetzer und Schriftsteller.
Im Rotbuch Verlag sind folgende Bücher von Peter O. Chotjewitz lieferbar:
– Die Übersetzungen der Dramen von Dario Fo
– Die Herren des Morgengrauens. Roman (1997)
– Das Wespennest. Roman (1999)